プリント形式のリアル過去問で本番の臨場感！

広島県

銀河学院中学校

2025年春受験用

解答集

本書は，実物をなるべくそのままに，プリント形式で年度ごとに収録しています。
問題用紙を教科別に分けて使うことができるので，本番さながらの演習ができます。

■ 収録内容

・解答集(この冊子です)

書籍ＩＤ番号，この問題集の使い方，最新年度実物データ，リアル過去問の活用，
解答例と解説，ご使用にあたってのお願い・ご注意，お問い合わせ

・2024(令和６)年度 ～ 2022(令和４)年度 学力検査問題

JN132520

○は収録あり	年度	'24	'23	'22			
■ 問題(専願A)		○	○	○			
■ 解答用紙		○	○	○			
■ 配点							

算数に解説
があります

☆問題文等の非掲載はありません

教英出版

■　書籍ＩＤ番号

入試に役立つダウンロード付録や学校情報などを随時更新して掲載しています。
教英出版ウェブサイトの「ご購入者様のページ」画面で，書籍ＩＤ番号を入力してご利用ください。

書籍ＩＤ番号　121132

（有効期限：2025年9月30日まで）

【入試に役立つダウンロード付録】
「要点のまとめ（国語／算数）」
「課題作文演習」ほか

■　この問題集の使い方

年度ごとにプリント形式で収録しています。針を外して教科ごとに分けて使用します。①片側，②中央のどちらかでとじてありますので，下図を参考に，問題用紙と解答用紙に分けて準備をしましょう（解答用紙がない場合もあります）。

針を外すときは，けがをしないように十分注意してください。また，針を外すと紛失しやすくなりますので気をつけましょう。

① 片側でとじてあるもの　　② 中央でとじてあるもの

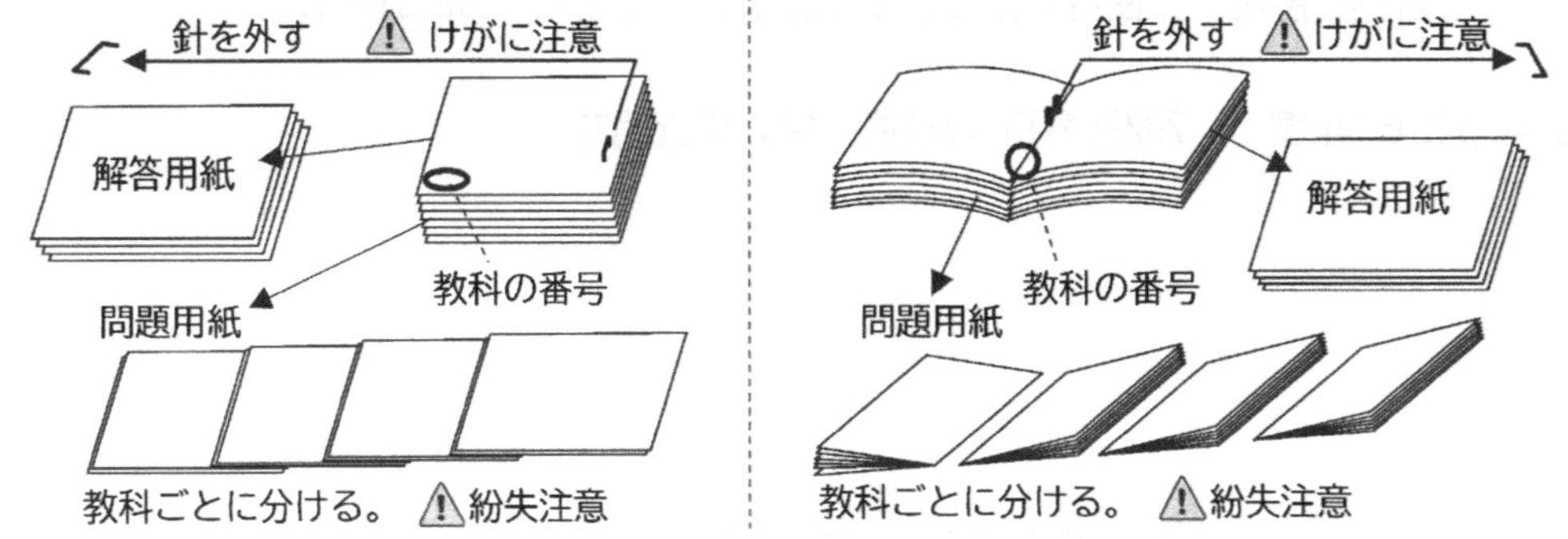

※教科数が上図と異なる場合があります。
　解答用紙がない場合や，問題と一体になっている場合があります。
　教科の番号は，教科ごとに分けるときの参考にしてください。

■　最新年度 実物データ

実物をなるべくそのままに編集していますが，収録の都合上，実際の試験問題とは異なる場合があります。実物のサイズ，様式は右表で確認してください。

問題用紙	Ａ４冊子（二つ折り）
解答用紙	Ｂ４片面プリント

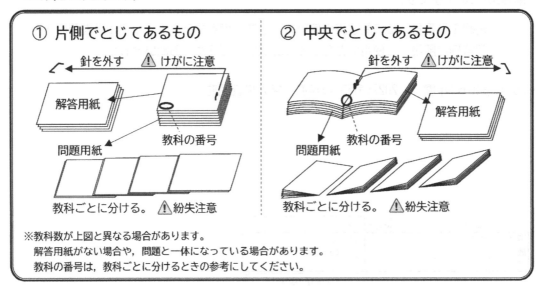

リアル過去問の活用

~リアル過去問なら入試本番で力を発揮することができる~

本番を体験しよう！

問題用紙の形式（縦向き / 横向き），問題の配置や余白など，実物に近い紙面構成なので本番の臨場感が味わえます。まずはパラパラとめくって眺めてみてください。「これが志望校の入試問題なんだ！」と思えば入試に向けて気持ちが高まることでしょう。

入試を知ろう！

同じ教科の過去数年分の問題紙面を並べて，見比べてみましょう。

① 問題の量

毎年同じ大問数か，年によって違うのか，また全体の問題量はどのくらいか知っておきましょう。どのくらいのスピードで解けば時間内に終わるのか，大問ひとつにかけられる時間を計算してみましょう。

② 出題分野

よく出題されている分野とそうでない分野を見つけましょう。同じような問題が過去にも出題されていることに気がつくはずです。

③ 出題順序

得意な分野が毎年同じ大問番号で出題されていると分かれば，本番で取りこぼさないように先回りして解答することができるでしょう。

④ 解答方法

記述式か選択式か（マークシートか），見ておきましょう。記述式なら，単位まで書く必要があるかどうか，文字数はどのくらいかなど，細かいところまでチェックしておきましょう。計算過程を書く必要があるかどうかも重要です。

⑤ 問題の難易度

必ず正解したい基本問題，条件や指示の読み間違いといったケアレスミスに気をつけたい問題，後回しにしたほうがいい問題などをチェックしておきましょう。

問題を解こう！

志望校の入試傾向をつかんだら，問題を何度も解いていきましょう。ほかにも問題文の独特な言いまわしや，その学校独自の答え方を発見できることもあるでしょう。オリンピックや環境問題など，話題になった出来事を毎年出題する学校だと分かれば，日頃のニュースの見かたも変わってきます。

こうして志望校の入試傾向を知り対策を立てることこそが，過去問を解く最大の理由なのです。

実力を知ろう！

過去問を解くにあたって，得点はそれほど重要ではありません。大切なのは，志望校の過去問演習を通して，苦手な教科，苦手な分野を知ることです。苦手な教科，分野が分かったら，教科書や参考書に戻って重点的に学習する時間をつくりましょう。今の自分の実力を知れば，入試本番までの勉強の道すじが見えてきます。

試験に慣れよう！

入試では時間配分も重要です。本番で時間が足りなくなってあわてないように，リアル過去問で実戦演習をして，時間配分や出題パターンに慣れておきましょう。教科ごとに気持ちを切り替える練習もしておきましょう。

心を整えよう！

入試は誰でも緊張するものです。入試前日になったら，演習をやり尽くしたリアル過去問の表紙を眺めてみましょう。問題の内容を見る必要はもうありません。どんな形式だったかな？受験番号や氏名はどこに書くのかな？…ほんの少し見ておくだけでも，志望校の入試に向けて心の準備が整うことでしょう。

そして入試本番では，見慣れた問題紙面が緊張した心を落ち着かせてくれるはずです。

※まれに入試形式を変更する学校もありますが，条件はほかの受験生も同じです。心を整えてあせらずに問題に取りかかりましょう。

2024 解答例 銀河学院中学校

令和6年度

《国　語》

一 問一．①素性　②都大路　③設　④仲裁　⑤回遊　　問二．①ひつぜつ　②ぎょうじ　③けいしょう　④ひより　⑤そな　　問三．①八　②三　③一　　問四．①○　②○　③○　④×

二 問一．A．イ　B．エ　C．ア　　問二．(ハート形の)チョコレートクッキー一箱／黄色い花の鉢植え／(二十四枚撮りの)使い捨てカメラ　　問三．(1)あみ子　(2)前髪をさわる母の手がとまるのを待ちきれない様子。

問四．あみ子がしゃべってばかりで、のり君はうんともへえとも言わないこと。　　問五．Ⅰ．ウ　Ⅱ．イ　Ⅲ．ア　　問六．のり君がチョコレートクッキーを一箱全部食べたこと。

三 問一．Ⓐア，イ，オ　Ⓑウ，エ，カ　　問二．Ⅰ．エ　Ⅱ．イ　Ⅲ．ア　Ⅳ．ウ　　問三．イ　　問四．横向きに咲く　　問五．ホトケノザの花びらの模様が「ここにとまりなさい」というサインになっていること。

問六．蜜が豊富にあるとハチがそこに居座ってしまうかもしれないという問題。　　問七．(1字あける)私は③自分の趣味を生かす暮らしをすることを選びました。日本では五十四・二％であるのに対し、米国は八十七・五％と多いことがわかります。(改行)(1字あける)私は、大好きなピアノを大人になっても続けて、コンクールに出場したり、コンサートを見に行ったりしたいです。この目標を達成するために、来月の発表会に向けて、毎日の練習にしっかり取り組み入賞できるようにがんばりたいです。

《算　数》

1 ①8　②13　③3.7　④$1\frac{11}{12}$　⑤14　⑥$\frac{9}{10}$　⑦$\frac{2}{9}$

2 (1)①18　②5　(2)12　(3)15　(4)1950　(5)4　(6)①44°　②ア．78°　イ．96°　(7)3　(8)13.76　(9)96　(10)483.56　(11)オ

3 (1)23　(2)ア．15　イ．4

2024 算数解説 ▶ 銀河学院中学校

令和6年度

1 (1) 与式＝15－7＝**8**

(2) 与式＝8＋5＝**13**

(3) 与式＝5.5－1.8＝**3.7**

(4) 与式＝$2+\frac{5}{3}-\frac{7}{4}=\frac{24}{12}+\frac{20}{12}-\frac{21}{12}=\frac{23}{12}=1\frac{11}{12}$

(5) 与式＝33－12÷2×3－1＝33－18－1＝**14**

(6) 与式＝$\frac{4}{3}\times(\frac{7}{8}-\frac{1}{8})-(\frac{16}{10}-\frac{13}{20})\div\frac{19}{2}=\frac{4}{3}\times\frac{6}{8}-(\frac{32}{20}-\frac{13}{20})\times\frac{2}{19}=1-\frac{19}{20}\times\frac{2}{19}=1-\frac{1}{10}=\frac{10}{10}-\frac{1}{10}=\frac{9}{10}$

(7) 与式より，$\frac{4}{5}\times\square\times\frac{3}{8}\times2=\frac{11}{15}-\frac{3}{5}$　$\frac{3}{5}\times\square=\frac{11}{15}-\frac{9}{15}$　$\square=\frac{2}{15}\times\frac{5}{3}=\frac{2}{9}$

2 (1)① 6％の食塩水300gにふくまれる食塩は300×0.06＝**18**(g)である。

② **【解き方】食塩水の問題は，うでの長さを濃度《のうど》，おもりを食塩水の重さとしたてんびん図で考えて，うでの長さの比とおもりの重さの比がたがいに逆比になることを利用する。**

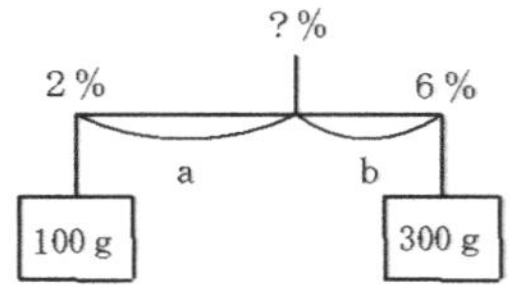

右のようなてんびん図がかける。a：bは，食塩水の量の比である100：300＝1：3の逆比になるので，a：b＝3：1となる。これより，a：(a＋b)＝3：4となるから，a＝(6－2)×$\frac{3}{4}$＝3(％)なので，求める濃度は2＋3＝**5**(％)

(2) **【解き方】6年前の私と母の年れいの比は1：5である。**

私と母の年れいの合計は1年につき2才ずつ増えていくので，6年前の私と母の年れいの合計は48－6×2＝36(才)である。よって，6年前の私の年れいは36×$\frac{1}{1+5}$＝6(才)だから，現在は6＋6＝**12**(才)である。

(3) **【解き方】道の片側のみで考える。杭《くい》どうしの間かくの数は，杭の本数より1だけ少なくなる。**

道の片側に打った杭の本数は102÷2＝51(本)だから，間かくの数は51－1＝50である。よって，道の長さは，30×50＝1500(cm)より，**15**mである。

(4) 定価は仕入れ値の1＋0.3＝1.3(倍)だから，1500×1.3＝**1950**(円)である。

(5) 45分＝$\frac{45}{60}$時間＝$\frac{3}{4}$時間だから，求める速さは，3÷$\frac{3}{4}$＝4より，時速**4**kmである。

(6)① 三角形の1つの外角は，これととなり合わない2つの内角の和に等しいから，角ア＝72°－28°＝**44°**

② 角BCD＝角BCA－角DCA＝60°－18°＝42°だから，三角形DBCの内角の和より，

角ア＝180°－(42°＋60°)＝**78°**である。

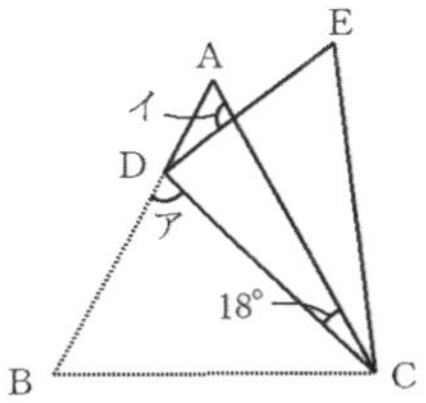

右図で，折り返した角は等しいから，角ECD＝角BCD＝42°なので，

角ACE＝42°－18°＝24°

角DEC＝角DBC＝60°であり，向かい合う角は等しいので，

角イ＝180°－(24°＋60°)＝**96°**

(7) 2△3＝2×2×2＝8だから，8を□回かけると512になる。512＝8×8×8だから，□＝**3**である。

(8) 斜線《しゃせん》部分の面積は1辺の長さが8cmの正方形の面積から，半径が8÷2＝4(cm)の円の面積を引いた値《あたい》だから，8×8－4×4×3.14＝**13.76**(cm²)である。

(9) 求める体積は6×8÷2×4＝**96**(cm³)

(10) **【解き方】回転体は右図のように，大きな円柱から小さな円柱をくり抜いた立体になる。**

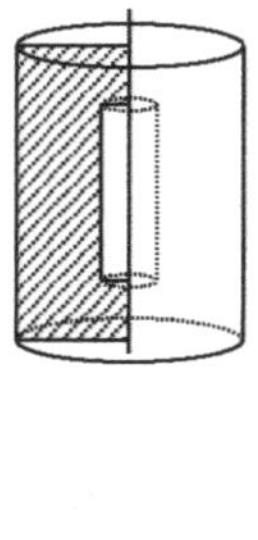

大きな円柱は底面の半径が4cm，高さが10cmであり，小さな円柱は底面の半径が1cm，高さが10－2×2＝6(cm)だから，求める体積は，4×4×3.14×10－1×1×3.14×6＝**483.56**(cm³)

である。

⑾　一定の割合で水を入れるとき，水を入れる部分の底面積が大きいほど，同じ時間で上がる水面の高さの割合は小さくなる。よって，時間が経つにつれて，傾《かたむ》きが順に小さくなっていく３本の直線を結んだグラフになるから，**オ**が正しい。

３　⑴　**【解き方】１行目のｎ列目の数は，ｎを２回かけた数になる。**

１行目の５列目の数は５×５＝25だから，３行目の５列目の数は25より２だけ小さい数なので，**23**である。

⑵　**【解き方】２回かけて200に近くなるような数を探す。**

２回かけて200に近くなる数を探すと，14×14＝196が見つかる。196は１行目の14列目の数であり，196の次の197は15行目の１列目になる。200は196より200－196＝４だけ大きいから，**15行目の４列目**である。

銀河学院中学校

《国　語》

一　問一．①全　②官製　③昨今　④経由　⑤不服　問二．①わらべうた　②ごんげ　③うじがみ　④つらがま　⑤でぞ　問三．①赤　②白　③金　問四．①イ　②エ　③ア　④ウ

二　問一．あ．エ　い．ア　う．イ　問二．コスモスは花びらが偶数のため、何度やっても「キライ」の花びらが残ってしまうから。　問三．栄養条件等によって、花びらの枚数が変わること　問四．(1)ガーベラは花びらの枚数が奇数だから。　(2)A，C，E，F　問五．花びらをバ～われている　問六．フィボナッチ数列　問七．イ

三　問一．あ．D　い．A　う．C　問二．ア　問三．ウ　問四．放送部に入部してもよいという返事。　問五．(1)久米さん　(2)実は、昨日、放送室まで行ったんです　問六．憧れの声優の後輩になりたいと思ったから。　問七．Ⅰ．ウ　Ⅱ．ア　Ⅲ．イ　問八．同級生からえらそうだと思われて嫌みを言われるかもしれないから。

問九．(例文)

日本は諸外国と比べて、どのこう目についても割合が低いことがわかります。

私は「明るさ」にほこりを持っています。だれにでも元気に明るくあいさつをしたり、話しかけたりすることができるので、中学生になっても積極的に明るく声をかけて、新しい友達をたくさん作ることにいかしていきたいです。

《算　数》

1　①72　②3.9　③$1\frac{3}{5}$　④8　⑤$\frac{1}{2}$　⑥$1\frac{2}{3}$

2　(1)①36　②10　(2)1820　(3)12　(4)6　(5)$\frac{3}{8}$，$\frac{5}{12}$，$\frac{1}{2}$，$\frac{7}{12}$，$\frac{5}{8}$，$\frac{2}{3}$，$\frac{3}{4}$，$\frac{5}{6}$ のうち1つ
(6)7　(7)77　(8)ウ　(9)2.28　(10)50

3　(1)6　(2)2　(3)501

2023 算数解説　銀河学院中学校

令和5年度

1　(1)　与式＝$4\times18=\mathbf{72}$

(2)　与式＝$5.27-1.37=\mathbf{3.9}$

(3)　与式＝$2-\frac{1}{3}\times\frac{6}{5}=2-\frac{2}{5}=\mathbf{1\frac{3}{5}}$

(4)　与式＝$35-(12-18\div6)\times3=35-(12-3)\times3=35-9\times3=35-27=\mathbf{8}$

(5)　与式＝$\frac{7}{5}\times\frac{15}{4}-(\frac{9}{4}+\frac{5}{2})=\frac{21}{4}-(\frac{9}{4}+\frac{10}{4})=\frac{21}{4}-\frac{19}{4}=\frac{2}{4}=\mathbf{\frac{1}{2}}$

(6)　与式より，$1\times\frac{1}{5}\times\square=\frac{3}{4}-\frac{5}{12}$　　$\frac{1}{5}\times\square=\frac{9}{12}-\frac{5}{12}$　　$\square=\frac{4}{12}\div\frac{1}{5}=\frac{1}{3}\times5=\frac{5}{3}=\mathbf{1\frac{2}{3}}$

2　(1)①　$12\%=\frac{12}{100}=\frac{3}{25}$だから，含《ふく》まれる食塩の量は，$300\times\frac{3}{25}=\mathbf{36}$(g)

②　含まれる食塩の量は変わらず，食塩水の量は$300+60=360$(g)になるので，求める濃度《のうど》は，$\frac{36}{360}\times100=\mathbf{10}$(%)

(2)　$30\%=\frac{30}{100}=\frac{3}{10}$だから，求める金額《きんがく》は，$2600\times(1-\frac{3}{10})=\mathbf{1820}$(円)

(3)　1分間＝$\frac{1}{60}$時間で200m＝$\frac{200}{1000}$km＝$\frac{1}{5}$km進むから，求める速さは，時速$(\frac{1}{5}\div\frac{1}{60})$km＝時速**12**km

(4)　水そうに入っている最初の水の量は，$40\times\frac{3}{5}=24$(L)　　よって，残った水の量は，$24\times(1-\frac{3}{4})=\mathbf{6}$(L)

(5)　**【解き方】24＝2×2×2×3だから，条件に合う約分する前の分数は，分母が24で，分子が2または3の倍数となる。**

$\frac{1}{3}=\frac{8}{24}$より大きく，$\frac{7}{8}=\frac{21}{24}$より小さい分数のうち，分母を24とする分数の中で，約分できるものを探す。

条件に合う分数は，$\frac{9}{24}=\mathbf{\frac{3}{8}}$，$\frac{10}{24}=\mathbf{\frac{5}{12}}$，$\frac{12}{24}=\mathbf{\frac{1}{2}}$，$\frac{14}{24}=\mathbf{\frac{7}{12}}$，$\frac{15}{24}=\mathbf{\frac{5}{8}}$，$\frac{16}{24}=\mathbf{\frac{2}{3}}$，$\frac{18}{24}=\mathbf{\frac{3}{4}}$，$\frac{20}{24}=\mathbf{\frac{5}{6}}$の8通りある。

(6)　$1\times1=1$，$2\times2=4$，$3\times3=9$，$4\times4=16$，…となるので，

(D，C，E，A)に使われている数字の組み合わせは，(2，4，3，9)または(3，9，2，4)である。

(D，C，E，A)＝(2，4，3，9)のとき，B＝C＋E＝4＋3＝7

(D，C，E，A)＝(3，9，2，4)のとき，B＝C＋E＝9＋2＝11

Bは1けたの数字なので，Bにあてはまる数字は**7**である。

(7)　右のように記号をおく。$y=180-43-90=47$

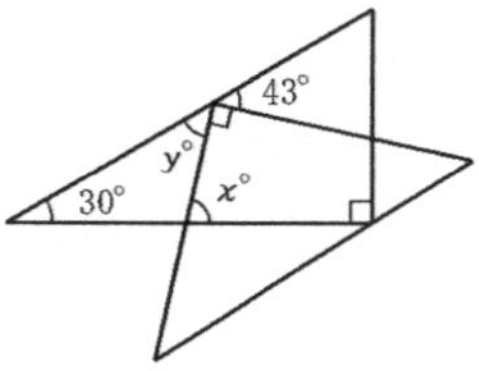

三角形の1つの外角は，これととなり合わない2つの内角の和に等しいから，

$x=30+47=\mathbf{77}$

(8)　**【解き方】台形の面積は，{(上底)＋(下底)}×(高さ)÷2で求められる。**

図1の台形の面積は，$(4+6)\times3\div2=15$(㎠)

アの台形の面積は，$(3+6)\times4\div2=18$(㎠)　　イの直角三角形の面積は，$4.5\times5\div2=11.25$(㎠)

ウの平行四辺形の面積は，$3\times5=15$(㎠)　　よって，求める記号は**ウ**である。

(9)　**【解き方】半径が4cmで中心角が45°のおうぎ形の面積から，合同な図形を4つ合わせると1辺が4cmの正方形となる三角形の面積をひけばよい。**

1辺が4cmの正方形の面積は$4\times4=16$(㎠)だから，求める面積は$4\times4\times3.14\times\frac{45°}{360°}-16\div4=6.28-4=\mathbf{2.28}$(㎠)

(10)　**【解き方】立体について，上から1段目，2段目，3段目，4段目の取り除いた立方体の個数を考える。**

取り除いた立方体をしゃ線で表すと右図のようになるから，

1段目は1個，2段目は1個，3段目は7個，4段目は5個の立方体が取り除かれる。

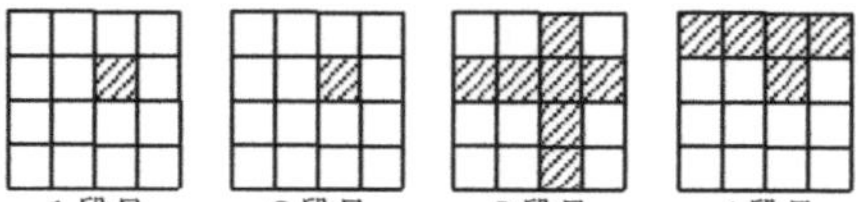

1段目　2段目　3段目　4段目

よって，この立体の体積は，$64-(1+1+7+5)=\mathbf{50}$(㎤)

3 (1) $\frac{8}{37}$＝8÷37＝0.216216…より，小数第6位の数字は**6**である。

(2) **【解き方】(1)より，$\frac{8}{37}$を小数で表すと，小数第1位から，「２１６」の3つの数がくり返し並ぶ。**

40÷3＝13余り1より，小数第40位までに，「２１６」が13回くり返され，その後2と並ぶから，

小数第40位の数字は**2**である。

(3) **【解き方】小数点以下の位の数字を順にたすと，小数第1位から，3つの数をたすごとに2＋1＋6＝9増える。**

1500÷9＝166余り6より，「２１６」を166回くり返すときの和が9×166＝1494となり，その後は，

1494＋2＝1496，1496＋1＝1497，1497＋6＝1503，…となるので，1500を超《こ》えるのは，3×166＋3＝501

より，小数第**501**位である。

銀河学院中学校

《国　語》

一　問一．①等身大　②発達　③破格　④肥　⑤燃　　問二．①けびょう　②こうぼう　③かいこ　④ふ
⑤えんでん　　問三．①エ　②イ　③オ　　問四．［①／②／③／④］［目／確／中／標］［標／中／確／目］
［私／確／中／病］［病／中／確／私］などから1つ

二　問一．あ．ウ　い．ア　う．イ　　問二．A．エ　B．イ　C．ウ　D．ア　　問三．小春がふくらはぎを震わせて、本棚の一番上の段に精いっぱい手を伸ばしている様子。　　問四．どんな本でも手に入ってしまうから。
問五．大人の雰囲気　　問六．Ⅰ．自分だけが知っている秘密の場所　Ⅱ．はる姉　Ⅲ．伯父の持っている本

三　問一．あ．ア　い．ウ　う．イ　　問二．テレビカメ～一する場合　　問三．ノンバーバルコミュニケーション
問四．イ　　問五．相手を理解したいという気持ちが伝わるから。
問六．(例文)

わたしは、コミュニケーション能力を身につけるために、首を振るという方法を取り入れたいと思います。

たとえば、理解したり共感したりした時は首をたてに振り、分からなかったりいやだったりしたときは首を横に振ります。

《算　数》

1　①5　②$\frac{5}{6}$　③3.9　④$\frac{3}{4}$　⑤2

2　(1)1000　(2)30　(3)1750　(4)66　(5)①34　②72　(6)750　(7)①20　②6　(8)4.15　(9)162　(10)2

3　(1)25　(2)ア．44　イ．86

2022 算数解説 銀河学院中学校

令和４年度

1 ①　与式＝35－30＝５　　②　与式＝$\frac{6}{6}-\frac{5}{6}+\frac{4}{6}=\frac{5}{6}$

③　与式＝(４＋２)×0.65＝６×0.65＝3.9

④　与式＝$\frac{1}{4}+\frac{2}{3}\times(\frac{4}{4}-\frac{1}{4})=\frac{1}{4}+\frac{2}{3}\times\frac{3}{4}=\frac{1}{4}+\frac{2}{4}=\frac{3}{4}$

⑤　与式＝６－２×(６－４)＝６－２×２＝６－４＝２

2 (1)　４km＝4000ｍだから，求める時間は，4000÷４＝1000(秒)

(2)　求める食塩の量は，300×$\frac{10}{100}$＝30(ｇ)

(3)　求める金額《きんがく》は，2500×(１－0.3)＝1750(円)

(4)　**【解き方】(平均)＝(合計)÷(人数)だから，(合計)＝(平均)×(人数)で求められる。**

３科目の合計点は68×３＝204(点)だから，算数の得点は，204－63－75＝66(点)

(5)①　**【解き方】右の「へこみのある四角形(ブーメラン型)の角度」を利用する。**

118°＝56°＋x°＋28°だから，

x＝118－56－28＝34

へこみのある四角形(ブーメラン型)の角度

右図の太線のようなブーメラン型の図形において，
三角形の外角の性質から，角ｄ＝角ａ＋角ｂ，
角ｐ＝角ｃ＋角ｄ＝角ｃ＋(角ａ＋角ｂ)だから，

角ｐ＝角ａ＋角ｂ＋角ｃ

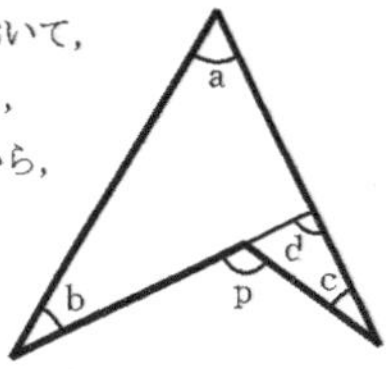

②　**【解き方】正五角形の１つの内角の大きさは180°×(５－２)÷５＝108°である。**

三角形ＢＡＣはＢＡ＝ＢＣの二等辺三角形だから，角ＢＣＡ＝(180°－108°)÷２＝36°

同様に，三角形ＣＢＤについて，角ＣＢＤ＝36°

三角形の１つの外角は，これととなりあわない２つの内角の和に等しいから，x＝36＋36＝72とわかる。

(6)　２人の合計金額とＡ君の持っているお金の比は，(５＋３)：５＝８：５だから，求める金額は，1200×$\frac{5}{8}$＝750(円)

(7)①　求める面積は，(底辺)×(高さ)＝５×４＝20(㎠)

②　**【解き方】直角を挟《はさ》む辺が３＋２＝５(cm)の直角二等辺三角形の面積から，直角を挟む辺が３cmの直角二等辺三角形の面積と$_{ア}$<u>直角を挟まない辺が２cmの直角二等辺三角形</u>の面積２つ分を引いて求める。**

下線部アは，２つ合わせると対角線が２cmの正方形となるので，２つ分の面積の和は，(対角線)×(対角線)÷２＝２×２÷２＝２(㎠)　　よって，求める面積は，５×５÷２－３×３÷２－２＝12.5－4.5－２＝６(㎠)

(8)　小さい半円の半径は２÷２＝１(cm)，大きい半円の半径は４÷２＝２(cm)

長方形はたてが大きい半円の半径に等しく２cm，横が２＋４＝６(cm)

よって，求める面積は，２×６－１×１×3.14÷２－２×２×3.14÷２＝4.15(㎠)

(9)　**【解き方】正面の面について，右のように作図する。**

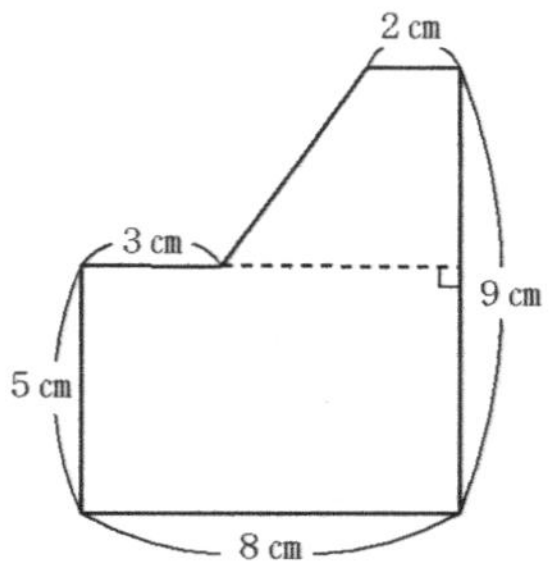

正面の面を底面とすると，底面積が５×８＋{２＋(８－３)}×(９－５)÷２＝54(㎠)，高さが３cmだから，体積は，54×３＝162(㎤)

(10)　279→２×７×９＝126→１×２×６＝12→１×２＝２

3 (1)　積み木は，１番目は１個，２番目は４＝２×２(個)，３番目は９＝３×３(個)，…と増えているので，５番目を作るのに必要な積み木の個数は，５×５＝25(個)

(2)　同じ整数を２回かけて，2022に近い数になる整数を探すと，44×44＝1936，45×45＝2025が見つかる。
よって，最大で44番目，つまり，$_{ア}$<u>44</u>段まで積み上げることができ，2022－1936＝$_{イ}$<u>86</u>(個)あまる。

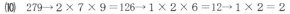

■ ご使用にあたってのお願い・ご注意

（1）問題文等の非掲載

著作権上の都合により，問題文や図表などの一部を掲載できない場合があります。

誠に申し訳ございませんが，ご了承くださいますようお願いいたします。

（2）過去問における時事性

過去問題集は，学習指導要領の改訂や社会状況の変化，新たな発見などにより，現在とは異なる表記や解説になっている場合があります。過去問の特性上，出題当時のままで出版していますので，あらかじめご了承ください。

（3）配点

学校等から配点が公表されている場合は，記載しています。公表されていない場合は，記載していません。

独自の予想配点は，出題者の意図と異なる場合があり，お客様が学習するうえで誤った判断をしてしまう恐れがあるため記載していません。

（4）無断複製等の禁止

購入された個人のお客様が，ご家庭でご自身またはご家族の学習のためにコピーをすることは可能ですが，それ以外の目的でコピー，スキャン，転載（ブログ，ＳＮＳなどでの公開を含みます）などをすることは法律により禁止されています。学校や学習塾などで，児童生徒のためにコピーをして使用することも法律により禁止されています。

ご不明な点や，違法な疑いのある行為を確認された場合は，弊社までご連絡ください。

（5）けがに注意

この問題集は針を外して使用します。針を外すときは，けがをしないように注意してください。また，表紙カバーや問題用紙の端で手指を傷つけないように十分注意してください。

（6）正誤

制作には万全を期しておりますが，万が一誤りなどがございましたら，弊社までご連絡ください。

なお，誤りが判明した場合は，弊社ウェブサイトの「ご購入者様のページ」に掲載しておりますので，そちらもご確認ください。

■ お問い合わせ

解答例，解説，印刷，製本など，問題集発行におけるすべての責任は弊社にあります。

ご不明な点がございましたら，弊社ウェブサイトの「お問い合わせ」フォームよりご連絡ください。迅速に対応いたしますが，営業日の都合で回答に数日を要する場合があります。

ご入力いただいたメールアドレス宛に自動返信メールをお送りしています。自動返信メールが届かない場合は，「よくある質問」の「メールの問い合わせに対し返信がありません。」の項目をご確認ください。

また弊社営業日（平日）は，午前９時から午後５時まで，電話でのお問い合わせも受け付けています。

2025 春

株式会社教英出版
〒422-8054　静岡県静岡市駿河区南安倍３丁目 12-28
TEL　054-288-2131　　FAX　054-288-2133
URL　https://kyoei-syuppan.net/
MAIL siteform@kyoei-syuppan.net

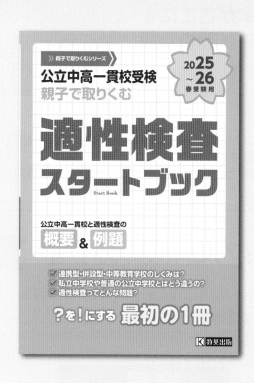

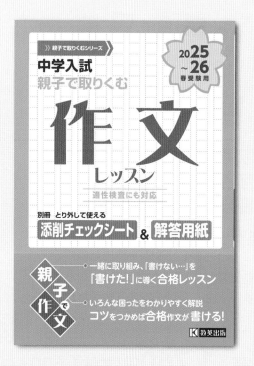

教英出版 2025年春受験用 中学入試問題集

学校別問題集

✿はカラー問題対応

北海道

①[市立]札幌開成中等教育学校
②藤女子中学校
③北嶺中学校
④北星学園女子中学校
⑤札幌大谷中学校
⑥札幌光星中学校
⑦立命館慶祥中学校
⑧函館ラ・サール中学校

青森県

①[県立]三本木高等学校附属中学校

岩手県

①[県立]一関第一高等学校附属中学校

宮城県

①[県立]宮城県古川黎明中学校
②[県立]宮城県仙台二華中学校
③[市立]仙台青陵中等教育学校
④東北学院中学校
⑤仙台白百合学園中学校
⑥聖ウルスラ学院英智中学校
⑦宮城学院中学校
⑧秀光中学校
⑨古川学園中学校

秋田県

①[県立]
- 大館国際情報学院中学校
- 秋田南高等学校中等部
- 横手清陵学院中学校

山形県

①[県立]
- 東桜学館中学校
- 致道館中学校

福島県

①[県立]
- 会津学鳳中学校
- ふたば未来学園中学校

茨城県

①[県立]
- 日立第一高等学校附属中学校
- 太田第一高等学校附属中学校
- 水戸第一高等学校附属中学校
- 鉾田第一高等学校附属中学校
- 鹿島高等学校附属中学校
- 土浦第一高等学校附属中学校
- 竜ヶ崎第一高等学校附属中学校
- 下館第一高等学校附属中学校
- 下妻第一高等学校附属中学校
- 水海道第一高等学校附属中学校
- 勝田中等教育学校
- 並木中等教育学校
- 古河中等教育学校

栃木県

①[県立]
- 宇都宮東高等学校附属中学校
- 佐野高等学校附属中学校
- 矢板東高等学校附属中学校

群馬県

①
- [県立]中央中等教育学校
- [市立]四ツ葉学園中等教育学校
- [市立]太田中学校

埼玉県

①[県立]伊奈学園中学校
②[市立]浦和中学校
③[市立]大宮国際中等教育学校
④[市立]川口市立高等学校附属中学校

千葉県

①[県立]
- 千葉中学校
- 東葛飾中学校

②[市立]稲毛国際中等教育学校

東京都

①[国立]筑波大学附属駒場中学校
②[都立]白鷗高等学校附属中学校
③[都立]桜修館中等教育学校
④[都立]小石川中等教育学校
⑤[都立]両国高等学校附属中学校
⑥[都立]立川国際中等教育学校
⑦[都立]武蔵高等学校附属中学校
⑧[都立]大泉高等学校附属中学校
⑨[都立]富士高等学校附属中学校
⑩[都立]三鷹中等教育学校
⑪[都立]南多摩中等教育学校
⑫[区立]九段中等教育学校
⑬開成中学校
⑭麻布中学校
⑮桜蔭中学校
⑯女子学院中学校
✿⑰豊島岡女子学園中学校
⑱東京都市大学等々力中学校
⑲世田谷学園中学校
✿⑳広尾学園中学校(第2回)
✿㉑広尾学園中学校(医進・サイエンス回)
㉒渋谷教育学園渋谷中学校(第1回)
㉓渋谷教育学園渋谷中学校(第2回)
㉔東京農業大学第一高等学校中等部(2月1日 午後)
㉕東京農業大学第一高等学校中等部(2月2日 午後)

神奈川県

① [県立] 相模原中等教育学校
　　　　 平塚中等教育学校
② [市立] 南高等学校附属中学校
③ [市立] 横浜サイエンスフロンティア高等学校附属中学校
④ [市立] 川崎高等学校附属中学校
✿⑤聖光学院中学校
✿⑥浅野中学校
⑦洗足学園中学校
⑧法政大学第二中学校
⑨逗子開成中学校(1次)
⑩逗子開成中学校(2·3次)
⑪神奈川大学附属中学校(第1回)
⑫神奈川大学附属中学校(第2·3回)
⑬栄光学園中学校
⑭フェリス女学院中学校

新潟県

① [県立] 村上中等教育学校
　　　　 柏崎翔洋中等教育学校
　　　　 燕中等教育学校
　　　　 津南中等教育学校
　　　　 直江津中等教育学校
　　　　 佐渡中等教育学校
② [市立] 高志中等教育学校
③新潟第一中学校
④新潟明訓中学校

石川県

① [県立] 金沢錦丘中学校
②星稜中学校

福井県

① [県立] 高志中学校

山梨県

①山梨英和中学校
②山梨学院中学校
③駿台甲府中学校

長野県

① [県立] 屋代高等学校附属中学校
　　　　 諏訪清陵高等学校附属中学校
② [市立] 長野中学校

岐阜県

①岐阜東中学校
②鶯谷中学校
③岐阜聖徳学園大学附属中学校

静岡県

① [国立] 静岡大学教育学部附属中学校
　　　　 (静岡·島田·浜松)
② [県立] 清水南高等学校中等部
　 [県立] 浜松西高等学校中等部
　 [市立] 沼津高等学校中等部
③不二聖心女子学院中学校
④日本大学三島中学校
⑤加藤学園暁秀中学校
⑥星陵中学校
⑦東海大学付属静岡翔洋高等学校中等部
⑧静岡サレジオ中学校
⑨静岡英和女学院中学校
⑩静岡雙葉中学校
⑪静岡聖光学院中学校
⑫静岡学園中学校
⑬静岡大成中学校
⑭城南静岡中学校
⑮静岡北中学校
⑯常葉大学附属常葉中学校
　 常葉大学附属橘中学校
　 常葉大学附属菊川中学校
⑰藤枝明誠中学校
⑱浜松開誠館中学校
⑲静岡県西遠女子学園中学校
⑳浜松日体中学校
㉑浜松学芸中学校

愛知県

① [国立] 愛知教育大学附属名古屋中学校
②愛知淑徳中学校
③名古屋経済大学市邨中学校
　 名古屋経済大学高蔵中学校
④金城学院中学校
⑤椙山女学園中学校
⑥東海中学校
⑦南山中学校男子部
⑧南山中学校女子部
⑨聖霊中学校
⑩滝中学校
⑪名古屋中学校
⑫大成中学校
⑬愛知中学校
⑭星城中学校
⑮名古屋葵大学中学校
　 (名古屋女子大学中学校)
⑯愛知工業大学名電中学校
⑰海陽中等教育学校(特別給費生)
⑱海陽中等教育学校(I·II)
⑲中部大学春日丘中学校
新刊⑳名古屋国際中学校

三重県

① [国立] 三重大学教育学部附属中学校
②暁中学校
③海星中学校
④四日市メリノール学院中学校
⑤高田中学校
⑥セントヨゼフ女子学園中学校
⑦三重中学校
⑧皇學館中学校
⑨鈴鹿中等教育学校
⑩津田学園中学校

滋賀県

① [国立] 滋賀大学教育学部附属中学校
② [県立] 河瀬中学校
　　　　 守山中学校
　　　　 水口東中学校

京都府

① [国立] 京都教育大学附属桃山中学校
② [府立] 洛北高等学校附属中学校
③ [府立] 園部高等学校附属中学校
④ [府立] 福知山高等学校附属中学校
⑤ [府立] 南陽高等学校附属中学校
⑥ [市立] 西京高等学校附属中学校
⑦同志社中学校
⑧洛星中学校
⑨洛南高等学校附属中学校
⑩立命館中学校
⑪同志社国際中学校
⑫同志社女子中学校(前期日程)
⑬同志社女子中学校(後期日程)

大阪府

① [国立] 大阪教育大学附属天王寺中学校
② [国立] 大阪教育大学附属平野中学校
③ [国立] 大阪教育大学附属池田中学校

④[府立]富田林中学校
⑤[府立]咲くやこの花中学校
⑥[府立]水都国際中学校
⑦清風中学校
⑧高槻中学校（A日程）
⑨高槻中学校（B日程）
⑩明星中学校
⑪大阪女学院中学校
⑫大谷中学校
⑬四天王寺中学校
⑭帝塚山学院中学校
⑮大阪国際中学校
⑯大阪桐蔭中学校
⑰開明中学校
⑱関西大学第一中学校
⑲近畿大学附属中学校
⑳金蘭千里中学校
㉑金光八尾中学校
㉒清風南海中学校
㉓帝塚山学院泉ヶ丘中学校
㉔同志社香里中学校
㉕初芝立命館中学校
㉖関西大学中等部
㉗大阪星光学院中学校

兵庫県

①[国立]神戸大学附属中等教育学校
②[県立]兵庫県立大学附属中学校
③雲雀丘学園中学校
④関西学院中学部
⑤神戸女学院中学部
⑥甲陽学院中学校
⑦甲南中学校
⑧甲南女子中学校
⑨灘中学校
⑩親和中学校
⑪神戸海星女子学院中学校
⑫滝川中学校
⑬啓明学院中学校
⑭三田学園中学校
⑮淳心学院中学校
⑯仁川学院中学校
⑰六甲学院中学校
⑱須磨学園中学校(第1回入試)
⑲須磨学園中学校(第2回入試)
⑳須磨学園中学校(第3回入試)
㉑白陵中学校
㉒夙川中学校

奈良県

①[国立]奈良女子大学附属中等教育学校
②[国立]奈良教育大学附属中学校
③[県立]国際中学校
青翔中学校
④[市立]一条高等学校附属中学校
⑤帝塚山中学校
⑥東大寺学園中学校
⑦奈良学園中学校
⑧西大和学園中学校

和歌山県

①[県立]古佐田丘中学校
向陽中学校
桐蔭中学校
日高高等学校附属中学校
田辺中学校
②智辯学園和歌山中学校
③近畿大学附属和歌山中学校
④開智中学校

岡山県

①[県立]岡山操山中学校
②[県立]倉敷天城中学校
③[県立]岡山大安寺中等教育学校
④[県立]津山中学校
⑤岡山中学校
⑥清心中学校
⑦岡山白陵中学校
⑧金光学園中学校
⑨就実中学校
⑩岡山理科大学附属中学校
⑪山陽学園中学校

広島県

①[国立]広島大学附属中学校
②[国立]広島大学附属福山中学校
③[県立]広島中学校
④[県立]三次中学校
⑤[県立]広島叡智学園中学校
⑥[市立]広島中等教育学校
⑦[市立]福山中学校
⑧広島学院中学校
⑨広島女学院中学校
⑩修道中学校
⑪崇徳中学校
⑫比治山女子中学校
⑬福山暁の星女子中学校
⑭安田女子中学校
⑮広島なぎさ中学校
⑯広島城北中学校
⑰近畿大学附属広島中学校福山校
⑱盈進中学校
⑲如水館中学校
⑳ノートルダム清心中学校
㉑銀河学院中学校
㉒近畿大学附属広島中学校東広島校
㉓AICJ中学校
㉔広島国際学院中学校
㉕広島修道大学ひろしま協創中学校

山口県

①[県立]下関中等教育学校
高森みどり中学校
②野田学園中学校

徳島県

①[県立]富岡東中学校
川島中学校
城ノ内中等教育学校
②徳島文理中学校

香川県

①大手前丸亀中学校
②香川誠陵中学校

愛媛県

①[県立]今治東中等教育学校
松山西中等教育学校
②愛光中学校
③済美平成中等教育学校
④新田青雲中等教育学校

高知県

①[県立]安芸中学校
高知国際中学校
中村中学校

福岡県

①[国立]福岡教育大学附属中学校（福岡·小倉·久留米）
②[県立]
- 育徳館中学校
- 門司学園中学校
- 宗像中学校
- 嘉穂高等学校附属中学校
- 輝翔館中等教育学校

③西南学院中学校
④上智福岡中学校
⑤福岡女学院中学校
⑥福岡雙葉中学校
⑦照曜館中学校
⑧筑紫女学園中学校
⑨敬愛中学校
⑩久留米大学附設中学校
⑪飯塚日新館中学校
⑫明治学園中学校
⑬小倉日新館中学校
⑭久留米信愛中学校
⑮中村学園女子中学校
⑯福岡大学附属大濠中学校
⑰筑陽学園中学校
⑱九州国際大学付属中学校
⑲博多女子中学校
⑳東福岡自彊館中学校
㉑八女学院中学校

佐賀県

①[県立]
- 香楠中学校
- 致遠館中学校
- 唐津東中学校
- 武雄青陵中学校

②弘学館中学校
③東明館中学校
④佐賀清和中学校
⑤成穎中学校
⑥早稲田佐賀中学校

長崎県

①[県立]
- 長崎東中学校
- 佐世保北中学校
- 諫早高等学校附属中学校

②青雲中学校
③長崎南山中学校
④長崎日本大学中学校
⑤海星中学校

熊本県

①[県立]
- 玉名高等学校附属中学校
- 宇土中学校
- 八代中学校

②真和中学校
③九州学院中学校
④ルーテル学院中学校
⑤熊本信愛女学院中学校
⑥熊本マリスト学園中学校
⑦熊本学園大学付属中学校

大分県

①[県立]大分豊府中学校
②岩田中学校

宮崎県

①[県立]五ヶ瀬中等教育学校
②[県立]
- 宮崎西高等学校附属中学校
- 都城泉ヶ丘高等学校附属中学校

③宮崎日本大学中学校
④日向学院中学校
⑤宮崎第一中学校

鹿児島県

①[県立]楠隼中学校
②[市立]鹿児島玉龍中学校
③鹿児島修学館中学校
④ラ・サール中学校
⑤志學館中等部

沖縄県

①[県立]
- 与勝緑が丘中学校
- 開邦中学校
- 球陽中学校
- 名護高等学校附属桜中学校

もっと過去問シリーズ

北海道

北嶺中学校
7年分(算数・理科・社会)

静岡県

静岡大学教育学部附属中学校
(静岡·島田·浜松)
10年分(算数)

愛知県

愛知淑徳中学校
7年分(算数・理科・社会)
東海中学校
7年分(算数・理科・社会)
南山中学校男子部
7年分(算数・理科・社会)
南山中学校女子部
7年分(算数・理科・社会)
滝中学校
7年分(算数・理科・社会)
名古屋中学校
7年分(算数・理科・社会)

岡山県

岡山白陵中学校
7年分(算数・理科)

広島県

広島大学附属中学校
7年分(算数・理科・社会)
広島大学附属福山中学校
7年分(算数・理科・社会)
広島学院中学校
7年分(算数・理科・社会)
広島女学院中学校
7年分(算数・理科・社会)
修道中学校
7年分(算数・理科・社会)
ノートルダム清心中学校
7年分(算数・理科・社会)

愛媛県

愛光中学校
7年分(算数・理科・社会)

福岡県

福岡教育大学附属中学校
(福岡·小倉·久留米)
7年分(算数・理科・社会)
西南学院中学校
7年分(算数・理科・社会)
久留米大学附設中学校
7年分(算数・理科・社会)
福岡大学附属大濠中学校
7年分(算数・理科・社会)

佐賀県

早稲田佐賀中学校
7年分(算数・理科・社会)

長崎県

青雲中学校
7年分(算数・理科・社会)

鹿児島県

ラ·サール中学校
7年分(算数・理科・社会)

※もっと過去問シリーズは国語の収録はありません。

教英出版
〒422-8054
静岡県静岡市駿河区南安倍3丁目12－28
TEL 054-288-2131
FAX 054-288-2133
詳しくは教英出版で検索
教英出版 検索
URL https://kyoei-syuppan.net/

令和六年度入学試験問題（専願A）

国語

（45分）

（注意）答えはすべて解答用紙へ記入しなさい。
字数を求める問題で指示のない場合は、すべて句読点を含《ふく》みます。

銀河学院中学校

一　あとの問いに答えなさい。

問一　次のぼう線部のカタカナを漢字に直しなさい。

① あなたのスジョウを明らかにする。
② ミヤコオオジを全力で走る。
③ 彼のために特別な席をモウける。
④ けんかのチュウサイにはいる。
⑤ かつおは暖流をカイユウする。

問二　次のぼう線部の漢字の読みをひらがなで答えなさい。

① この景色は筆舌につくしがたい。
② すもうの行司が軍配をあげる。
③ 鞆《とも》の浦《うら》はすばらしい景勝地だ。
④ 今日は春のような日和だね。
⑤ 試験に備えて勉強します。

問三　次のことわざが完成するように、□にあてはまる漢数字を答えなさい。

① 七転び□起き　（何度失敗しようとくじけることなく、心を奮い立たせてがんばること）
② 石の上にも□年　（どんなに困難なことでも、がまん強くしんぼうすればいつか必ず成しとげられるというたとえ）
③ ローマは□日にしてならず　（大事業は、長い年月と努力を積み重ねてはじめて成立するというたとえ）

① 海外に住んでいる友だちを案じる。

② 静かな教室で勉強している。

③ たくさんの時間を費やした。

④ たくさんの書類を照し合わせる。

二　次の文章を読んで、あとの問いに答えなさい。

①誕生日の食卓《しょくたく》で、あみ子は父からおもちゃのトランシーバーをプレゼントしてもらった。夢中で観ていたアニメの主人公たちの必須《ひっす》アイテムで、二台セットになっている。ほしいほしいと以前からねだっていた。

「これで赤ちゃんとスパイごっこができる」と言って、跳《と》びはねてバンザイした。

赤ちゃんというのは、今度生まれてくる予定の、あみ子の弟か妹のことだ。更に父はハート形のチョコレートクッキー一箱と、黄色い花の鉢《はち》植え、それから「これで赤ちゃんの写真たくさん撮《と》ってあげんさい」と言い、二十四枚撮りの使い捨てカメラも一台くれた。

あみ子は［A］した緑色のパッケージをありがたく両手で受け取り、いろんな角度から眺《なが》めた。「練習していい？」父にきいた。

「ええよ」許可が下りたので封《ふう》を破った。兄に教わりながらフラッシュをたき、自分以外の家族を写すためにカメラを構えた。

「ちょっと待ってね」と母が言った。大きくなり始めたお腹を抱《かか》えながら席を立ち、どこからか手鏡を取ってきてそれを片手に見ながら指先で前髪《まえがみ》をさわりだした。食卓は一瞬《いっしゅん》だけ静かになったけれど、父がきゅうりの漬《つ》け物に箸《はし》を伸《の》ばし、口の中へぱくっと放って［B］音を響《ひび》かせた。兄は両手で作ったピースサインを崩《くず》すことなく、おもしろい顔のまま固まって待っている。

あみ子はレンズ越《ご》しに、前髪ばかりをせっせとさわる母の顔を見つめていた。真ん中あたりは手鏡に覆《おお》われていて見えなかったけれど、左あごにくっついている大豆粒《つぶ》大のほくろだけは丸い鏡の下からのぞいていた。母の指の動きはまだとまらない。とうとう待ちきれなくなり、②しんぼうの足らない人差し指が思わずシャッターを押《お》してしまった。フラッシュが光ると同時に手鏡から顔を上げた母があみ子を見たあと、すぐに父のほうへ顔を向けてきいた。「信じられない。あたし今、待ってって言ったわよね？」

父は「ん？」とこたえた。あみ子は再びカメラを構え直して呼びかけた。「今のは練習よ。次が本番。本番いくよー」

「もういいわ」母はそう言って背を向けた。「撮らなくていいです。あみ子さんもう、本当に」

父は食卓に向き直り、無言で木のさじを手に取った。目の前の茶碗《ちゃわん》蒸しを食べようとしている。それを横で見ていた兄の顔面からおもしろ味が消えて、ピースサインをかたどった二本の指が丸まった。

「とるよとるよ。みんなこっち向いてー」なおも家族に呼びかけた。誰《だれ》もこっちを向かなかった。

「はいありがとうございます、あみ子さん」母はそう言い、娘の手から取り上げたカメラを冷蔵庫の上に置いた。そして炊飯器《すいはんき》のふたを開け、花模様の小さな茶碗にごはんをよそい始めた。運ばれてきたのは大好物の五目ごはんだ。料理上手の母は家族の好物をよく

だが少食のあみ子には茶碗一杯《いっぱい》食べきることさえできなかった。底に二口、三口ぶんのごはんを残してテーブルの上にピンクの箸を放り投げた。母が、これも娘の好物である鶏《とり》のからあげを盛りつけた皿を目の前に置こうとしたが、「もういらん」と言い、シッシッと片手で払いのけた。そのあと、さっき父からもらったばかりのチョコレートクッキーの箱を膝《ひざ》の上にのせた。「これ食べるんじゃ」と意気込《ご》んで、大きなハートマークが描《えが》かれたふたを開けたはいいけれど、クッキーの表面を覆っているチョコレートだけをきれいになめとってしまうと、あみ子の腹は空気を吸うのも苦しいほどに満腹になってしまった。

苦しい苦しい、はれつする!と言いながらも、ゆうべはとても楽しかった。のり君に伝えたい。

「ねずみ色のやつじゃ」

「ねえ見してあげようか」

「のびるんよ」

「あとカメラも」

「お母さん写した」

「光ってから」

「トランシーバーしようね」

「みみず」

あみ子しかしゃべっていなかった。相手はうんともへえとも言わなかったが、③それはいつものことだった。のり君は同級生たちと大きな声でさわぐことはあっても、あみ子と二人きりになると黙《だま》りこむ。

「チョコと、あと花もよ」

「ええじゃろ」

「赤ちゃん写すけえね」

「トランシ〜バ〜」

C、と自転車のベルの音が聞こえて、知らないおばさんがあみ子ちゃんおかえりぃ、と言いながら笑顔で横を通り過ぎた。

「ただいまかえりました」

走りゆく自転車に向かってそう挨拶《あいさつ》したのは、のり君だった。あみ子と二人きりのときは黙ったままのり君だが、そこにひょっこり大人が加わると、突然《とつぜん》しゃべり始めることがある。

自転車に向かって挨拶したのり君を見て、たのもしい気持ちになったあみ子は大きくエヘンと咳払《せきばら》いをひとつしてから、手提《てさ》げ鞄《かばん》の中から茶色い箱を取りだした。

「これ食べんさい」と言い、箱ごと渡した。

「　Ⅰ　」

「しゃべったー」

「なにこれってきいとんよ」

「　Ⅱ　」

「誕生日のやつ？」

黙ってはいても、ちゃんと話を聞いていてくれたのだ。

「うん。あげるわ。食べんさい」

「いらん。こんなん持って帰ったらお母さんに怒《おこ》られる」

「　Ⅲ　」

「いまぁ？」のり君は手渡された箱を開けた。「チョコじゃないじゃん」と、とがった口で言ったあと、小麦色の菓子《かし》に手を伸ばし、食べ始めた。「どこがチョコなん。チョコじゃないじゃんか。クッキーじゃんか」

「おいしいじゃろ」

「しけっとるし」

「おいしいじゃろ」

「普通《ふつう》じゃ。しけっとる」

言いながらも、のり君は一箱全部食べた。食べ終えるとからっぽの箱をあみ子の足元に投げて返した。④あみ子は満足してそれを受け取った。三回振《ふ》って鳴らしたあとは、脇《わき》の下に四角い箱を挟《はさ》みこみ、スキップで家まで帰った。スキップになってないし、手と足が一緒《いっしょ》な

「あみ子のは地団太《じだんだ》じゃ」と、いつだったか言われたことがあった。小さな町に溢《あふ》れるすべての音がまるで幻《まぼろし》のように遠くで聞こえる夕方だった。見上げた屋根の上には高いところから降りてきた雲があった。そこに射しこむ昼間の太陽の残りが、平たい雲を金色に輝《かがや》かせてみせていた。そのとき袖《そで》なしの白いワンピースを着ていたあみ子は、赤い実をもぎとろうとジャンプした。

地団太の意味は知らなかった。ただ兄が楽しそうに笑っていたから、その日は家に到着《とうちゃく》するまでスキップを続けたのだ。なかなか前に進めなくて自分でもおかしかった。いつも二、三歩前をあるく兄が、その日はスキップする妹の後ろをゆっくりのんびりあるいていた。

（今村夏子『こちらあみ子』ちくま文庫より　一部漢字をひらがな表記にした）

問一　本文中の空らん［A］～［C］にあてはまる言葉として最も適切なものを次のア～エからそれぞれ選び、記号で答えなさい。

ア　ちりんちりん　　イ　つやつや　　ウ　どきどき　　エ　ぽりぽり

問二　ぼう線部①「誕生日の食卓で、あみ子は父からおもちゃのトランシーバーをプレゼントしてもらった」とありますが、あみ子がトランシーバー以外に父からもらったものを、本文中からすべてぬきだしなさい。

問三　ぼう線部②「しんぼうの足らない人差し指」について、次の各問いに答えなさい。

（1）だれの様子を表していますか。本文中からぬき出しなさい。

（2）どのような様子を表していますか。二十五字以内で答えなさい。

問四　ぼう線部③「それはいつものことだった」とありますが、「それ」とはどのようなことをさしますか。三十五字以内で答えなさい。

問五　本文中の空らん［Ⅰ］～［Ⅲ］にあてはまる会話文として最も適切なものを次のア～ウからそれぞれ選び、記号で答えなさい。

ア　じゃあ今食べんさい

イ　チョコ。昨日もらったやつよ

ウ　なにこれ

問六　ぼう線部④「あみ子は満足してそれを受け取った」とありますが、あみ子は何に満足したのですか。三十字以内で答えなさい。

三　次の文章を読んで、あとの問いに答えなさい。

春にピンク色の花を咲《さ》かせるⒶホトケノザという雑草がある。

ホトケノザと聞くと、春の七草を思い浮《う》かべる方がいるかもしれない。しかし、春の七草でⒷ「ほとけのざ」と呼ばれているのは、キク科の別種で、図鑑《ずかん》ではコオニタビラコと呼ばれている。

図鑑でホトケノザと紹介《しょうかい》されているのは、シソ科の植物である。ホトケノザは小学校の生活科や理科の教科書でも、おなじみの雑種だろう。

ホトケノザは、昆虫《こんちゅう》に花粉を運んでもらうために、たっぷりの蜜《みつ》で昆虫を呼び寄せる。花を摘《つ》み取って、花の根元を吸うと、甘《あま》い蜜の味がするので、子どもたちは学校帰りの通学路で、ホトケノザを摘んでみちくさを食っているという話も聞く。

［　Ⅰ　］、ホトケノザには、解決しなければならない問題がいくつかある。

一つは、「虫の選別」である。

［　Ⅱ　］、花にやってくる昆虫には、その働きに差がある。

もっとも働きがよいのは、ハチの仲間である。ハチは体力があり、遠くまで花粉を運ぶことができる。［　Ⅲ　］、大家族をつくるようなハチの仲間であれば、自分の分だけでなく、仲間の分まで蜜を集める。ハチが花から花へと飛び回れば、それだけ花粉も運ばれることになる。

ハチの働きが優れているのは、これだけではない。

ハチは、他の昆虫に比べると頭がよく、花の種類を見分けることができる。①これは植物にとっては、極めて都合がよい。

花から花へと飛び回っても、同じ種類の花を飛び回ってくれないと、植物にとっては意味がない。ホトケノザの花粉がタンポポに運ばれても種子はできないし、スミレの花粉がホトケノザに運ばれてきても、子孫を残すことができないのだ。

同じ種類の花を飛び回ってくれるハチは、ホトケノザにとって、とてもありがたい存在なのである。

花を識別できるハチは、蜜の多い植物を選んで飛んでくる。そのため、ホトケノザは、たっぷりと蜜を用意して、ハチを迎《むか》え入れている。

［　Ⅳ　］、問題がある。

②せっかく準備した蜜は、ハチにだけに与えたい。
どうすれば、ハチだけに蜜を与えることができるだろうか？

これは比較的《ひかくてき》、答えるのが簡単な問いだろう。

「能力を測るテスト」をすればよいのだ。

私たち人間も、誰《だれ》かを選別しようとするときは、テストを行う。

学校であれば入学試験があり、会社であれば入社試験がある。あるいは、スポーツチームであれば、入団テストがある。正式なテストでなくても、ビジネスの場面では雑談したり、会食したりしながら、この人と組むべきかどうかをテストしていることはある。

ハチは頭の良い昆虫である。そうであるとすれば、頭のよさをテストして、そのテストをクリアしたハチだけに蜜を与えればよいのである。

ホトケノザの花は、横向きに咲いていて、上の花びらが花を覆《おお》い隠《かく》している。そして、下の花びらには、ヘリポートのような丸い模様が描《えが》かれている。この模様がテストである。

じつはこの模様は、「ここにとまりなさい」というサインになっている。そして、ここにとまると、ハチが横向きに咲いている花の中まで入っていくことができるのだ。
③これを理解できないアブやハエなどは、ホトケノザの花の上側にとまる。そして、花の入り口を探して歩き回るが、見つけることができない。やがてあきらめて飛び去ってしまう。「横向きに咲く」というたったこれだけのしくみで、他の昆虫を排除《はいじょ》しているのである。
しかし、試験には続きがある。

花の入り口は、奥深くへ続いている。蜜を得るためには、花の中に潜《もぐ》り込《こ》んで、細い道を奥深くまで進み、そして後ずさりして戻《もど》ってこなければならないのだ。

この行動を得意としているのが、ハチである。

ホトケノザだけでなく、ハチを選別している花は、どれも似たような構造をしている。植物は、花の形を複雑にして、ハチだけを選別するように進化をする。

そして、ハチはますます、その構造を得意とするように進化をする。

このように、花とハチとは、ともに進化を遂《と》げてきたのだ。

こうしてホトケノザは、ハチだけに蜜を与《あた》えることに成功した。

しかし、④問題は残る。

ホトケノザはハチのために、たっぷりの蜜を用意した。ただし、蜜が豊富にあるとハチがそこに居座《いすわ》ってしまうかもしれないのだ。

ハチが花から花へと飛び回って、初めて花粉が運ばれる。ハチを呼び寄せた後は、早く立ち去って、次の花へと飛んでいってもらわなければならないのだ。

どうすれば、やってきたハチを立ち去らせることができるのだろうか？

これは難問である。

花とハチの関係は、まだまだ謎《なぞ》が多い。ただ、ホトケノザは蜜の量をばらつかせていることが知られている。

子どもたちが、花の蜜を吸おうとすると、ときどき蜜の少ない外れがある。

花によって、蜜が少なかったり、蜜が多かったりする。するとハチは、「もしかすると、隣《となり》の花の方が蜜が多いかもしれない」と、考えることだろう。

ホトケノザの作戦の巧《たく》みなところは、どれが当たりかわからないところである。

もし、ハチが当たりの花にいたとしても、「もしかすると隣の花の方が蜜が多いかもしれない」と思う。そして、頭のよいハチは、花から花へと当たりを探して飛び回るのである。

ハチの頭のよさを逆手に取った作戦といえるだろう。

（稲垣栄洋『面白すぎて時間を忘れる雑草のふしぎ』より）

ア　小学校の生活科の教科書でおなじみ　　イ　シソ科の植物　　ウ　コオニタビラコ
エ　キク科　　オ　小学校の理科の教科書でおなじみ　　カ　春の七草の一つ

問二　本文中の[Ⅰ]～[Ⅳ]にあてはまる言葉として最も適切なものを次のア～エからそれぞれ選び、記号で答えなさい。

ア　もし　　イ　じつは　　ウ　しかし　　エ　さて

問三　ぼう線部①「これは植物にとっては、極めて都合がよい」とありますが、それはどうしてですか。最も適切なものを次のア～エから選び、記号で答えなさい。

ア　ハチは、他の昆虫に比べて体力があるので、たくさん飛ぶことができるから。
イ　ハチは、他の昆虫に比べて頭がよく、花の種類を見分けることができるから。
ウ　ハチは、他の昆虫に比べてよく蜜を吸うので、たっぷりと蜜を準備できるから。
エ　ハチは、他の昆虫に比べて飛び回るので、たくさんの種類の花粉を運ぶから。

問四　ぼう線部②「せっかく準備した蜜は、ハチにだけに与えたい」とありますが、「ホトケノザ」は「ハチだけに与え」るためにどのようなしくみになっていますか。本文中から六字でぬき出しなさい。

問五　ぼう線部③「これを理解できないアブやハエなどは、ホトケノザの花の上側にとまる」とありますが、「これ」がさす内容を「模様」という言葉を使って四十字以内で答えなさい。

問六　ぼう線部④「問題は残る」とありますが、残った問題を答えなさい。

問七　あなたは将来に向けてどのような目標を持ちたいですか。グラフの項目《こうもく》①～⑤から一つ選び、次の条件にしたがって作文しなさい。

条件1　二段落構成で書くこと。

条件2　一段落目に、選んだ項目のグラフから二か国を比べてわかることを書きなさい。

条件3　二段落目に、選んだ項目の目標を達成するために今から取り組みたいことを書きなさい。

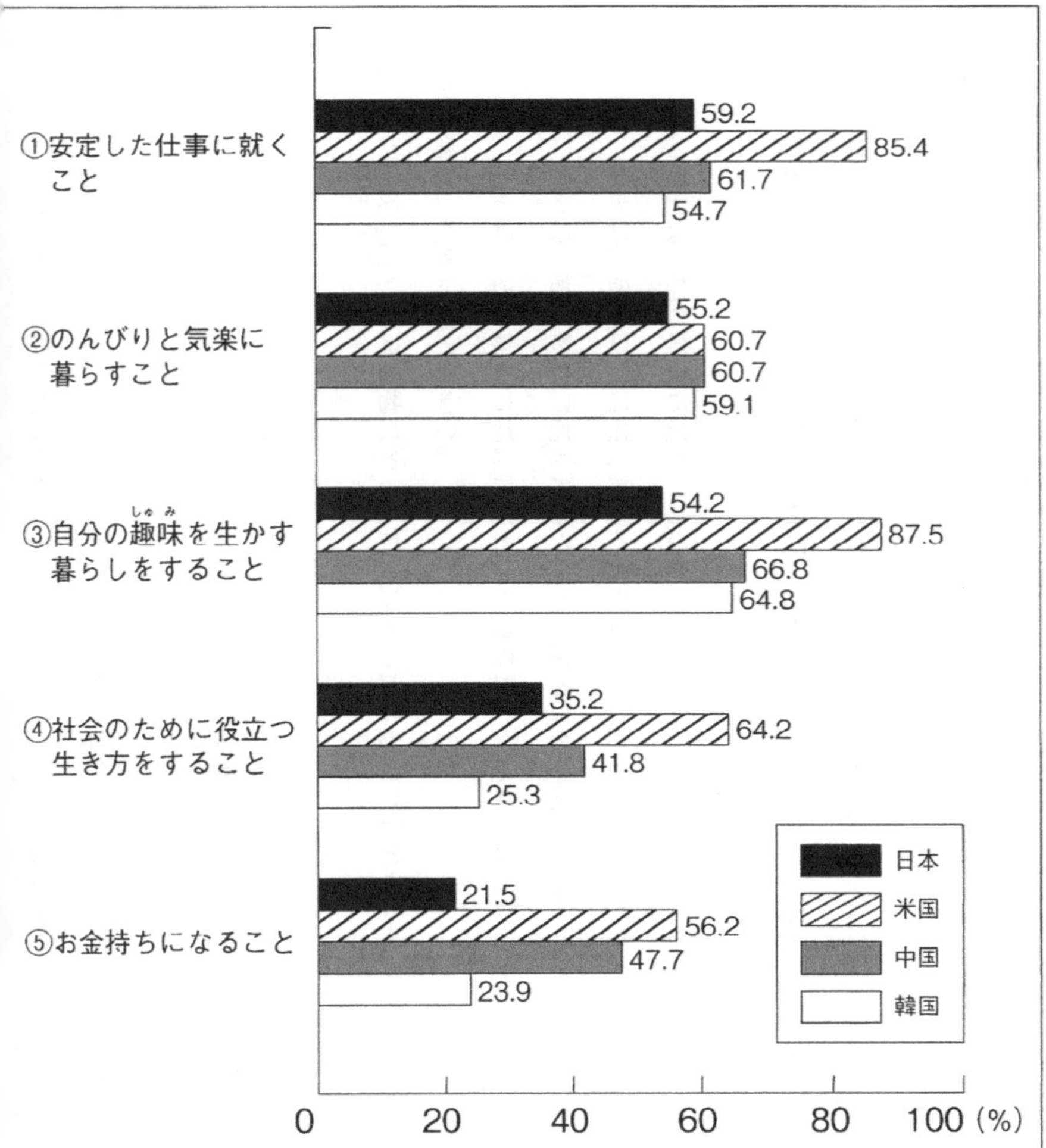

図：将来、どのような目標をもっているか（「とてもそう思う」と答えた割合）

ReseMom より（一部省略）

令和6年度入学試験問題（専願A）

算　数

（45分）

（注意）答えはすべて解答用紙に記入しなさい。

銀河学院中学校

1　次の［①］～［⑦］にあてはまる数を求めなさい。

（1）　$12 + 3 - 7 =$ ［①］

（2）　$24 \div 3 + 5 =$ ［②］

（3）　$5.5 - 6.66 \div 3.7 =$ ［③］

（4）　$2 + \frac{5}{3} - 1\frac{3}{4} =$ ［④］

（5）　$33 - (4 + 8) \div 2 \times 3 - 1 =$ ［⑤］

（6）　$1\frac{1}{3} \times \left(\frac{7}{8} - 0.125\right) - \left(1.6 - \frac{13}{20}\right) \div 9.5 =$ ［⑥］

（7）　$\frac{3}{5} + 0.8 \times$ ［⑦］ $\div \frac{8}{3} \times 2 = \frac{11}{15}$

2　次の問いに答えなさい。

（1）　濃度６％の食塩水が３００ｇあります。

　①　この食塩水に含まれる食塩の量は何ｇですか。

　②　この食塩水に濃度２％の食塩水１００ｇを混ぜると濃度は何％です

（2）　現在、私と母の年れいの合計は４８才です。６年前、母の年れいは私の年れいの５倍でした。現在の私の年れいは何才ですか。

（3）　図のように、道の両側に端《はし》から端まで３０cm おきに杭《くい》を打っていきます。杭が１０２本のとき、道の長さは何ｍですか。

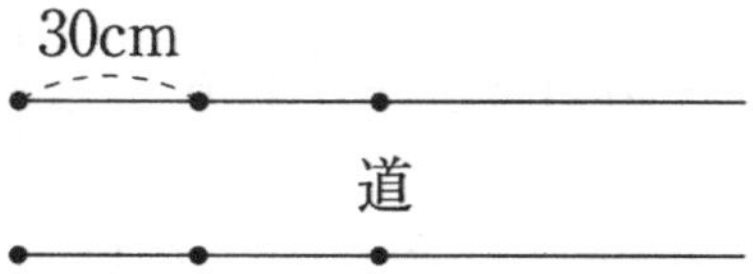

（4）　仕入れ値が１５００円の品物を仕入れます。仕入れ値に３０％の利益を見込んで定価をつけます。このとき、定価は何円ですか。

（5）　銀河くんが、家から３km 離れたＡ町まで行くのに、４５分かかりまこのときの速さは時速何 km ですか。

〈計算用紙〉

（6） 次の図で、ア、イにあてはまる値を求めなさい。

①

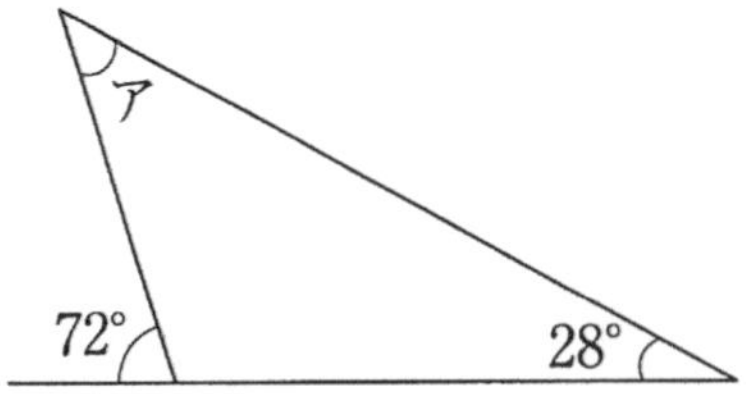

② 正三角形 ABC を CD を折り目として折った図形

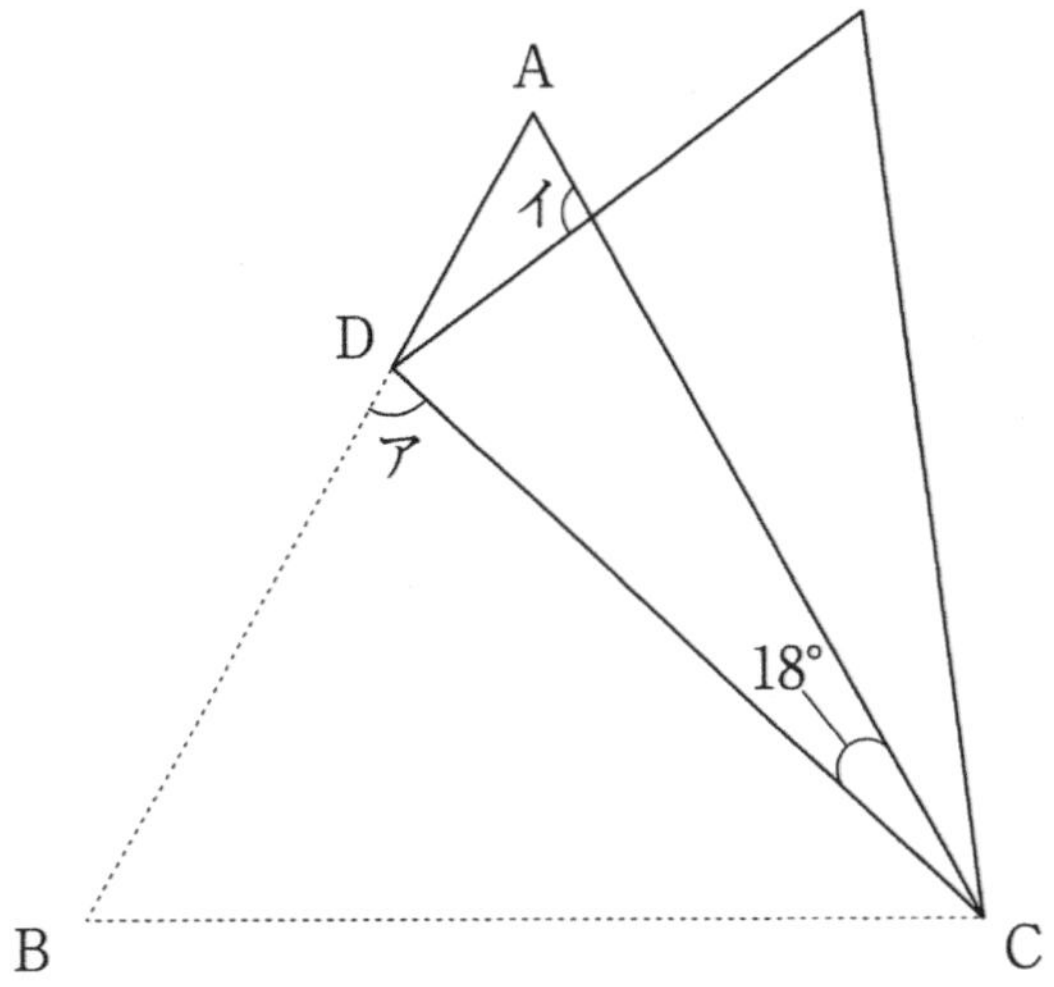

（7） 記号△を 3 △ 2 ＝ 3 × 3 と決めます。

例えば、5 △ 4 の値は 5 × 5 × 5 × 5 ＝ 625 となります。

このとき、(2 △ 3) △ □ ＝ 512 となるとき、□ にあてはまる数は何ですか。

〈計算用紙〉

（8）　下の図は、１辺８cmの正方形と、円を組み合わせたものです。しゃ線部分の面積は何cm^2ですか。ただし、円周率は３.１４とします。

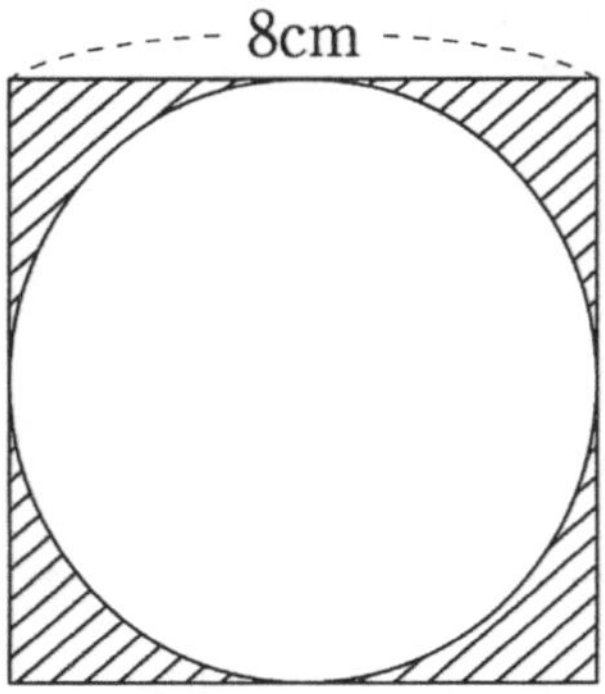

（9）　下の図の三角柱の体積は何cm^3ですか。

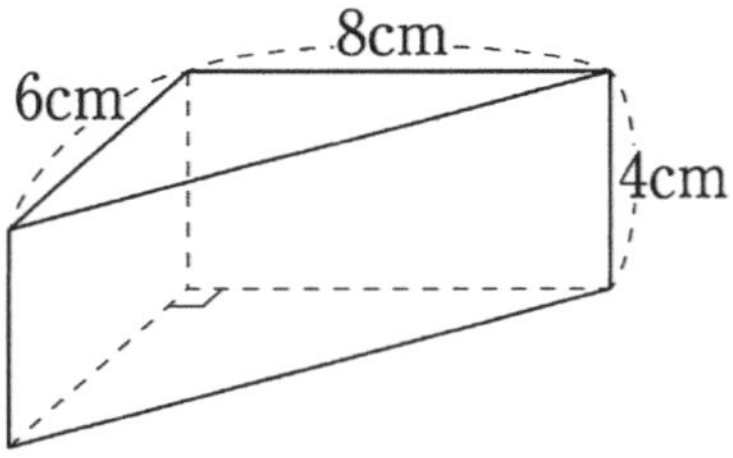

（10）　しゃ線部分を、直線アの周りで１回転させた立体の体積は何cm^3ですか。ただし、円周率は３.１４とします。

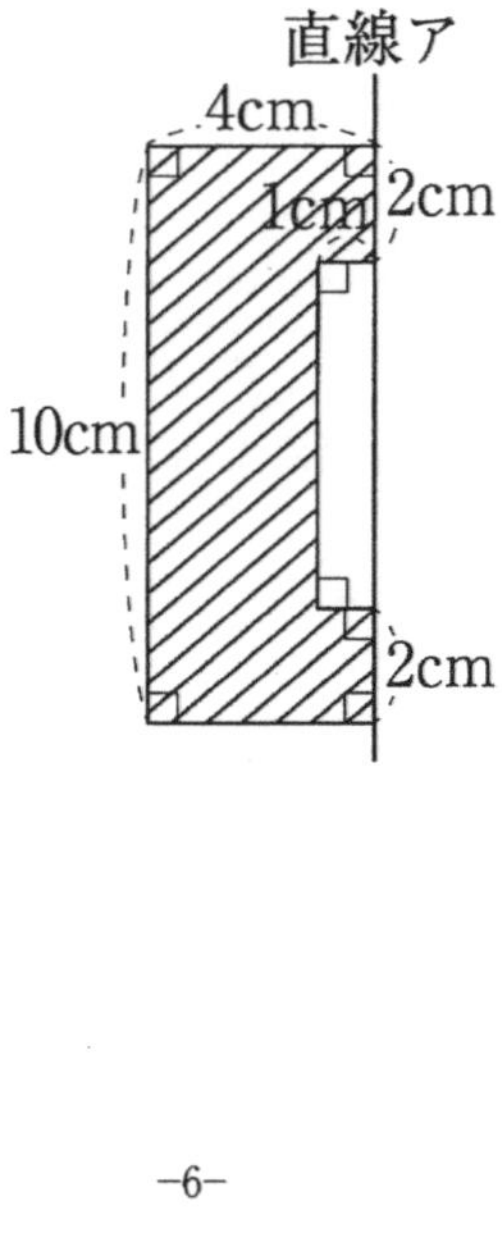

銀河学院中学校 令和六年度入学試験解答用紙（国語専願A）

一

問一 ① ② ③ ④ ⑤

問二 ① ② ③ ④ ⑤

問三 ① ② ③

問四 ① ② ③ ④

二

問一 A B C

問二

問三 ① ②

問四

問五 Ⅰ Ⅱ Ⅲ

一	合計得点	受験番号

※100点満点
（配点非公表）

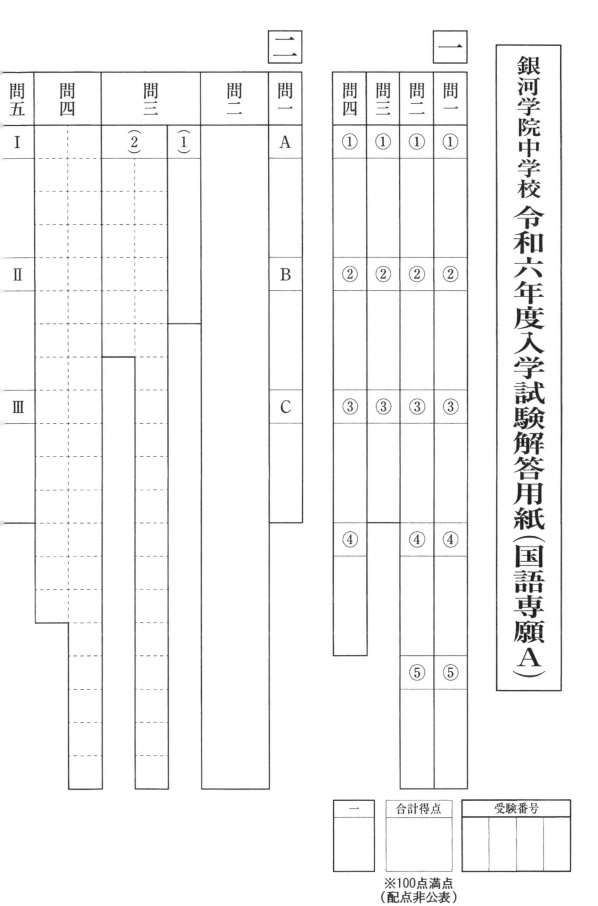

①ア	②ア	イ
(7)	(8) cm^2	(9) cm^3
(10) cm^3	(11)	

得点

3

(1)	(2) ア　行目	イ　列目

得点

銀河学院中学校 令和6年度入学試験解答用紙(算数専願A)

受験番号			

合計得点
※100点満点 (配点非公表)

1

①	②	③	④
⑤	⑥	⑦	

得点	

2

(1) ① g	② %	(2) 才
(3)	(4)	(5)

【解

三

問一	問二	問三	問四	問五	問六	問七
Ⓐ Ⓑ	Ⅰ Ⅱ Ⅲ Ⅳ					

三

〈計算用紙〉

(11)　下の図のような、底が階段状になっている直方体の水そうがあります。この水そうに、毎分同じ割合で水を入れます。水を入れはじめてからの時間と、水面の高さの様子をグラフに表しているのは、次のグラフのどれですか。ア～カのうち、正しいものを記号で答えなさい。

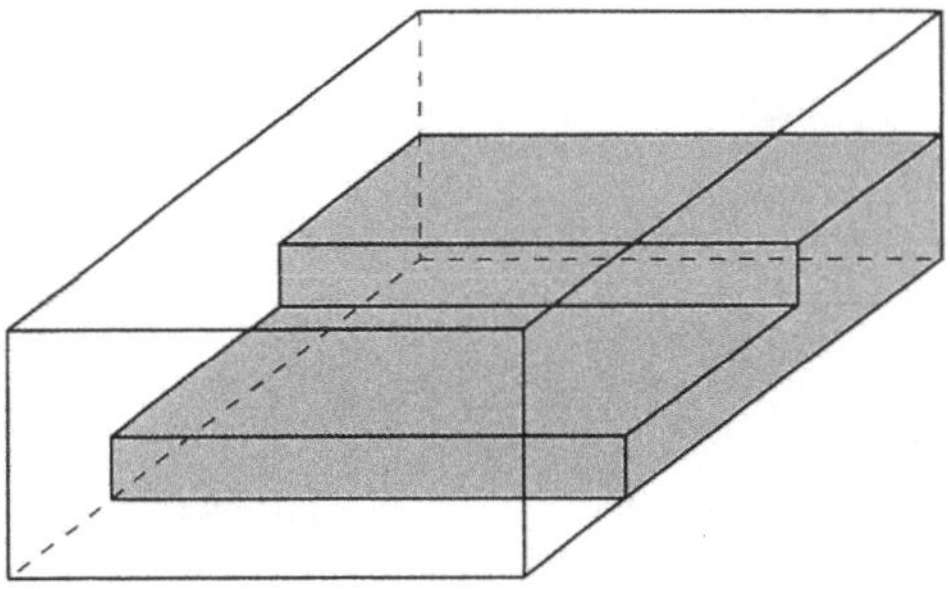

【横から見た図】

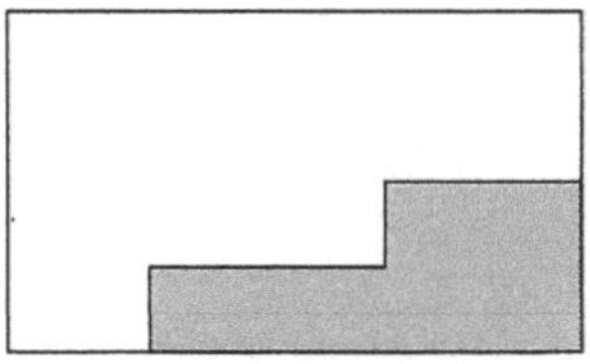

【上から見た図】

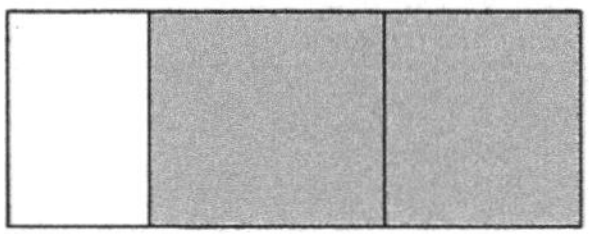

ア

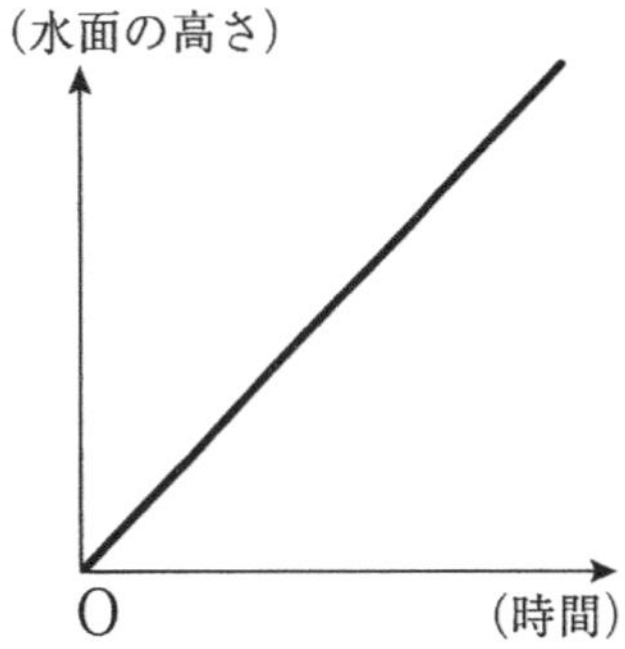

イ

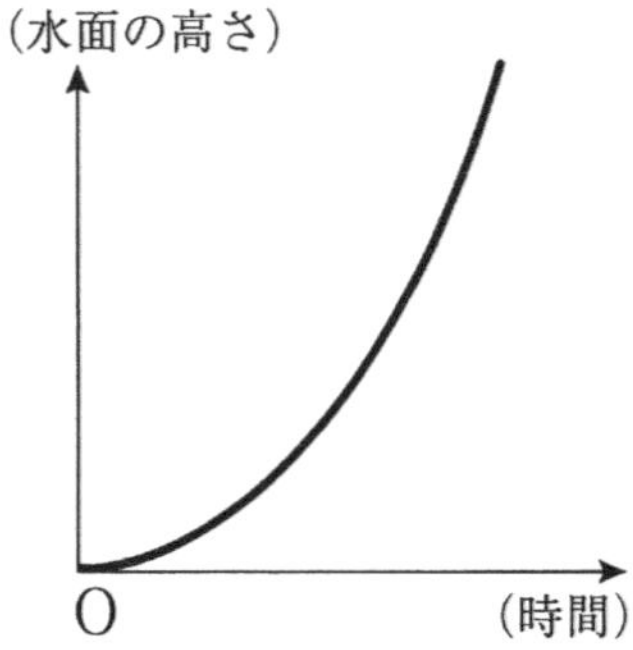

ウ

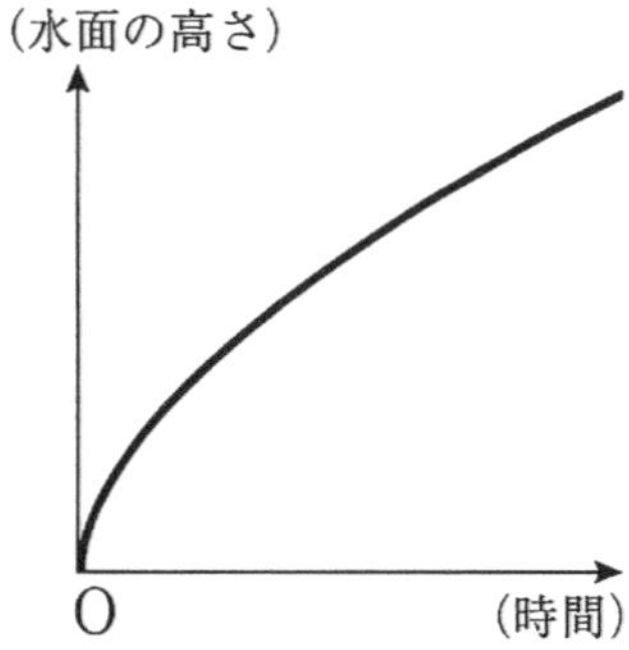

エ

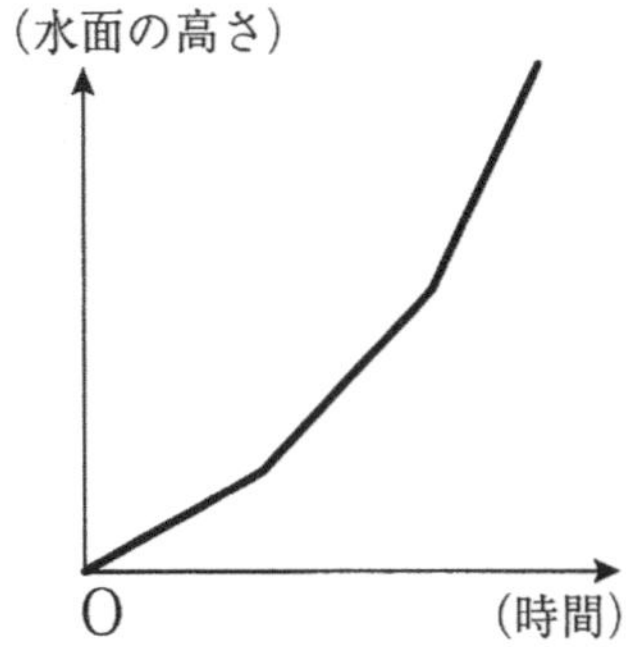

オ

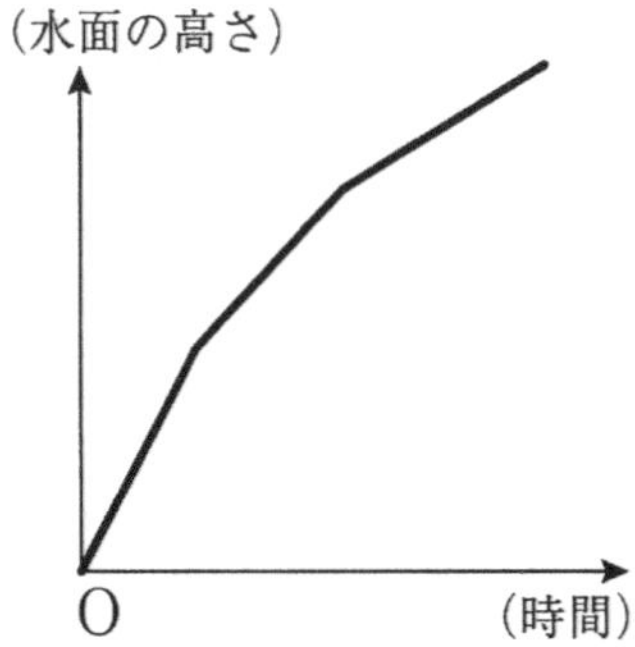

カ

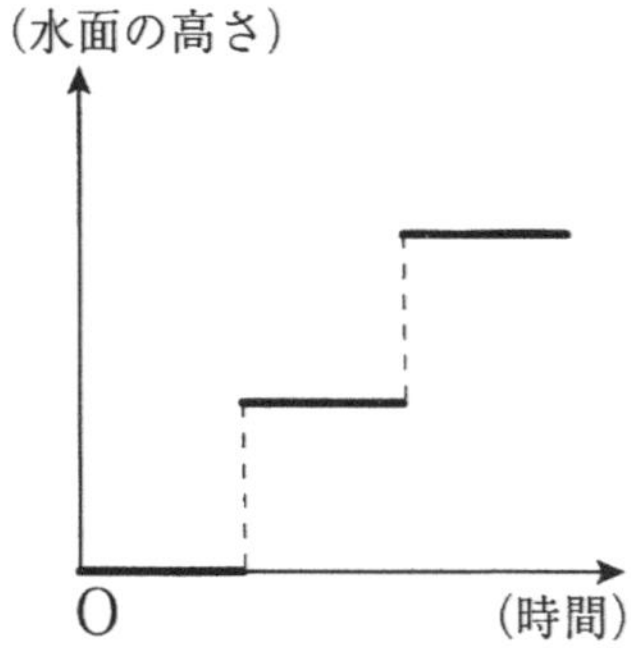

〈計算用紙〉

3　次のように、ある規則にしたがって数字が並んでいます。

	1列目	2列目	3列目	4列目	…
1行目	1	4	9		
2行目	2	3	8		
3行目	5	6	7		
4行目	10	…	…		
⋮					

例えば、2行目の3列目の数は8です。このとき、次の問いに答えなさい。

（1）3行目の5列目の数を求めなさい。

（2）200になるのは、【ア】行目の【イ】列目である。ア、イに当てはま
数を求めなさい。

〈計算用紙〉

令和五年度入学試験問題（専願A）

国語

（45分）

（注意）答えはすべて解答用紙へ記入しなさい。
字数を求める問題で指示のない場合は、すべて句読点を含《ふく》みます。

銀河学院中学校

一　あとの問いに答えなさい。

問一　次のぼう線部のカタカナを漢字に直しなさい。

① マッタく思いつかなかった。

② カンセイはがきで応募《おうぼ》してください。

③ 天候が急変するサッコンです。

④ 大門ケイユ福山行きの電車。

⑤ 彼はフフクを言わないね。

問二　次のぼう線部の漢字の読みをひらがなで答えなさい。

① 童歌をみんなで歌う。

② 彼女は美の権化だ。

③ 氏神様のお祭りに参加した。

④ あの人の面構えはステキだ。

⑤ 消防の出初め式を見た。

問三　□に色を表す漢字を入れて、次のことわざを完成させなさい。

① □の他人　（まったく無関係の他人ということ。）

② □羽の矢が立つ　（大勢の中から特に選び出されるたとえ。）

③ □字塔《とう》　（永久に伝えられるような偉大《いだい》な業績。）

①　新顔（しんがお）
②　消印（けしいん）
③　夢中（むちゅう）
④　桜色（さくらいろ）

ア　音読み＋音読み　　イ　音読み＋訓読み　　ウ　訓読み＋訓読み　　エ　訓読み＋音読み

二　次の文章を読んで、あとの問いに答えなさい。

恋《こい》を占《うらな》う方法の一つに「花占い」があります。

花占いというのは、花びらを一枚《まい》ずつ取りながら「スキ」「キライ」「スキ」「キライ」と数えていくのです。そして、最後の一枚で片思《かたおも》いの異性が、あなたのことを想《おも》っているかどうかを占うのです。

①この花占いは、コスモスでやってはいけないと言われています。

コスモスは、花びらが偶数《ぐうすう》の八枚です。そのため、何度やっても「キライ」の花びらが残ってしまうのです。もし、コスモスなど花びらが偶数の花で花占いをするとしたら、「キライ」から始めれば大丈夫《だいじょうぶ》です。

②もう少し花びらの多いものは、どうでしょう。マリーゴールドは奇数《きすう》の十三枚です。これならば、「スキ」で終わらせることができます。

そうなんです。女の子たちは、願いを込《こ》めて花びらの枚数を数えていきますが、じつは花の種類によって、花びらの枚数は初めから決まっているのです。

花占いによく用いられるのは、マーガレットです。マーガレットの花びらは二十一枚ですから、マーガレットも花占いにはお勧《すす》めです。どうりで女の子たちはマーガレットが大好きなはずです。

マーガレットに似《に》ていますが、デイジーは花びらが偶数の三十四枚ですから、注意が必要です。

③ガーベラも花占いに用いられます。ガーベラは花びらが奇数の五十五枚ですから、花占いには適しています。

ただし、花びらの多い花の場合は、栄養条件等によって、花びらの枚数が変わることがあります。マーガレットやガーベラで花占いが「キライ」になってしまったとしたら、よほど脈がないということなのかもしれません。

他の花の花びらの数も見てみることにしましょう。

サクラの花の花びらは何枚かわかりますか?

サクラは日本の象徴《しょうちょう》です。ラグビー日本代表のエンブレムや、日本相撲《すもう》協会のロゴにも、サクラがシンボルとして使われています。

サクラの花びらは五枚です。

ガクが変化したものなのです。

花びらの枚数は、ユリが三枚、サクラが五枚、コスモスが八枚、マリーゴールドが十三枚、マーガレットが二十一枚、デイジーが三十四枚、ガーベラが五十五枚。

3、5、8、13、21、34、55……

あれあれ、どこかで見たような規則性が見つかりませんか?

そうです。じつは植物の花びらも、フィボナッチ数列に従っているのです。

植物の花は、もともと葉から分化しました。葉を効率《こうりつ》良く並《なら》べるためにフィボナッチ数列が用いられていたように、花びらをバランス良く配置するのにもフィボナッチ数列が使われているのです。

④自然の創造者は、偉大《いだい》な数学者なのでしょうか。植物が、⑤この美しい数列に従っているのは、本当に不思議です。

ところが探してみると、例外がありました。

[う]、「菜の花」の別名で知られるアブラナは、花びらが四枚です。そうやって、よくよく探してみると、花びらが七枚や十一枚、十八枚のものも見つかります。

これらの植物は、フィボナッチ数列の呪縛《じゅばく》から逃《のが》れているのでしょうか。

ところがよく考えてみると、4、7、11、18……という並《なら》び方は、フィボナッチ数列と同じように、前の数字を足した数字が並んでいきます。

フィボナッチ数列は、最初の数字が1、次の数字も1で、1、1、2、3、5……と並んでいきますが、これを最初の数字を2、次の数字を1とすると、2、1、3、4、7、11、18……と数字が並んでいきます。これはフィボナッチ数列と類似《るいじ》した「リュカ数列」と呼ばれる数列です。

やはり、[　　　A　　　]

(稲垣栄洋『面白くて眠れなくなる植物学』PHP研究所より)

問一　本文中の あ ～ う にあてはまる言葉として最も適切なものを次のア～エからそれぞれ選び、記号で答えなさい。

ア　ところが　　イ　たとえば　　ウ　ただし　　エ　それでは

問二　ぼう線部①「この花占《うらな》いは、コスモスでやってはいけないと言われています」とありますが、その理由を四十字以内で答えなさい。

問三　ぼう線部②「もう少し花びらの多いものは、どうでしょう」とありますが、花びらの多い花で占う場合に気を付けなければいけないことは何ですか。本文中から二十二字で抜《ぬ》き出しなさい。

問四　ぼう線部③「ガーベラも花占いに用いられます」について、あとの問いに答えなさい。

（1）理由を二十字以内で答えなさい。

（2）ガーベラ以外で花占いに適している花を図のA～Gからすべて選び、記号で答えなさい。

図】

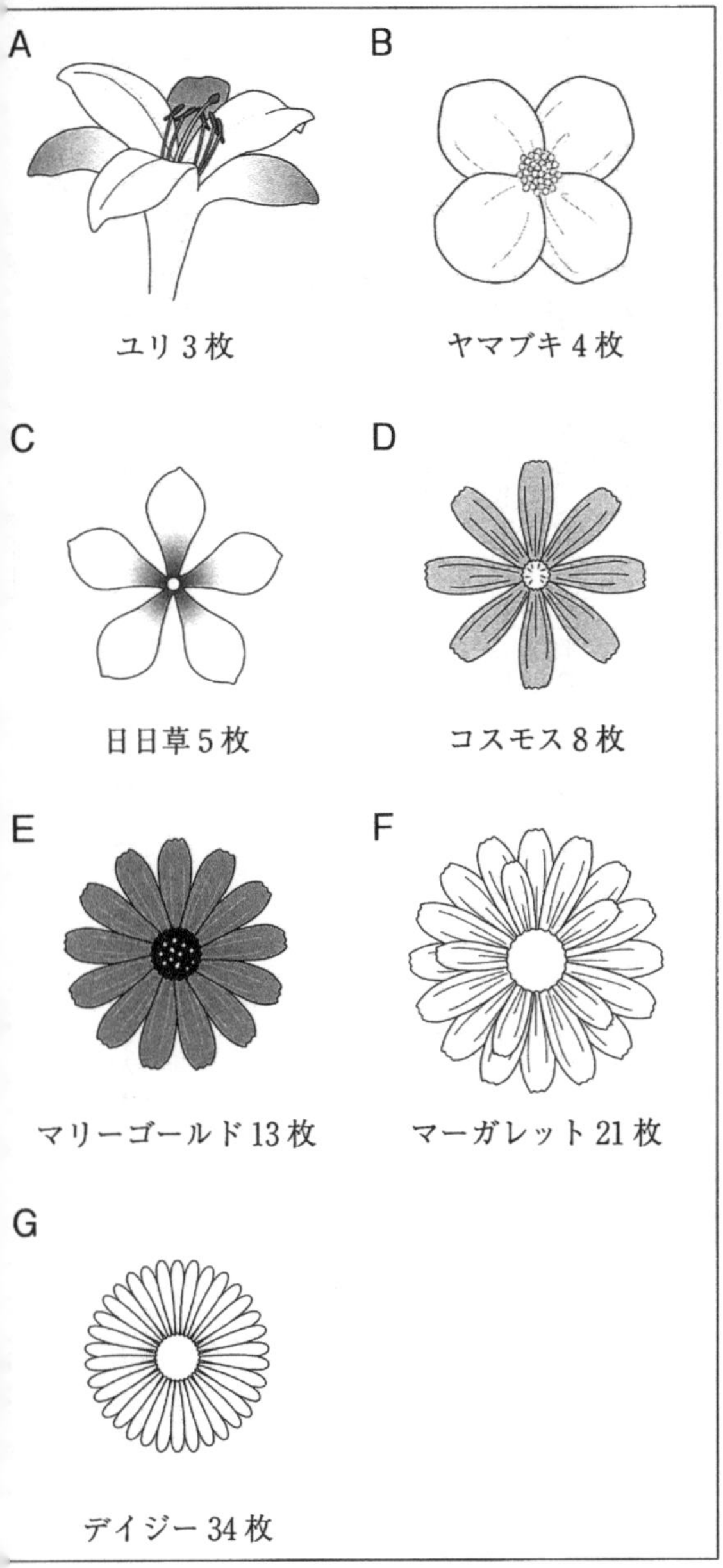

ですか。「～こと。」に続くように本文中から三十二字で抜き出し、初めと終わりの五字を答えなさい。

問六　ぼう線部⑤「この美しい数列」とは何ですか。本文中から八字で抜き出しなさい。

問七　本文中の［A］にあてはまる最も適切な一文を次のア～エから選び、記号で答えなさい。

ア　花占いをするときは、花びらが奇《き》数《すう》の花を選ぶべきです。

イ　すべての植物の花は、美しい数列に従っていたのです。

ウ　数学は花占いにとって、重要な役割を背負っているのです。

エ　すべての動植物は、偉大な数学者によって創られたのです。

三

次の文章を読んで、あとの問いに答えなさい。

「ごめんなさい。すぐに移動します」

久米《くめ》さんは食べかけの弁当にふたをし始めた。

「あ、いや、そうじゃなくて……」

僕《ぼく》もうまく説明できない。

「久米さんに用があるんだ」

正也《まさや》が言った。①ちょっと気になる子に対しても、普通《ふつう》に話しかけられるところがすごい。

「わ、わ、わたしですか」

対して、久米さんはパニック状態だ。ここから部活勧誘《かんゆう》にどう持っていく、正也。

「食事中にゴメン。僕は五組の宮本正也。久米さんと同じクラスの町田圭祐《けいすけ》と同じ、三崎《みさき》中の出身です」

正也は久米さんの前で正座をして、丁寧《ていねい》に自己紹介《しょうかい》をした。久米さんも猫背《ねこぜ》を気持ち程度に伸ばして、何やらモゴモゴと言い返した。出身中学を答えているんだろうけど、何せ、声が小さい。

「今日は久米さんにお願いがあって、ここにやってきました」

「はあ……」

正也の丁寧すぎる物言いを受け、久米さんは困った様子で顔を下に向けた。横だか前だかわからない長い髪《かみ》で、表情が読めなくなる。これはバリアだ。今まで、ロクでもない頼《たの》みごとばかりされてきたのかもしれない。

やっぱ、やめておこうよ。正也にそう言いたくなってしまう。

「僕と圭祐は放送部に入っています」

僕の思いなど気に留めず、正也が先に進めると、②久米さんの首の角度が少し上がった。反応あり、といった様子で正也は僕の顔を見ると、再び、久米さんに向き直った。

「久米さんも一緒に入りませんか」

そう言うと、③正也は息をとめるようにして久米さんの返事を待った。正也なりに緊張《きんちょう》していたようだ。

下を向いたまま、久米さんがたずねた。

「声がいいからに決まってるじゃん」

正也の声がワントーン上がる。久米さんも顔を上げた。片手で前髪を横にやり、正也の目を一瞬《いっしゅん》だけ見て、すぐに逸《そ》らす。正也がからかっているんじゃない、ということは伝わったはずだ。

「わたし、放送部に入っていいんですか？」

久米さんが[あ]と言った。これはもう、即答《そくとう》と言ってもいい速さだ。まさか、こんなにあっけなく受けてくれるとは。

「いいに決まってるよ。実は僕たち、三年生の先輩《せんぱい》から、女子部員の勧誘を頼まれてたんだ」

気が変わらないうちに、僕もはりきってフォローした。が、正也は眉《まゆ》をひそめた。

何かまずいことでも？　ある。放送部に入る＝役者をやる、というわけではない。しかし、久米さんは僕たちのヘンな間には気付いていなそうだ。

「実は、昨日、放送室まで行ったんです」

④衝撃《しょうげき》の発言が出た。正也も驚《おどろ》いている。

「なんだ、俺たちが誘《さそ》う必要なかったんだ」

「いえ、逃《に》げてしまったので」

聞けば、放送部のドアを開けようとしたら、中から怖《こわ》そうな先輩たちが出てきて、あわててその場を走り去ったのだと言う。もしかすると、僕たちがまだ会ったことのない、二年生の先輩たちだったのかもしれない。

「放送部に入りたいのは、やっぱり、その声を生かしたいから？」

正也がたずねた。⑤久米さんは首を大きく左右に振《ふ》る。

「自分の声がいいと思ったことなんてありません。すぐにバラされると思うから、先に言っておきますね。わたし、アニオタなんです」

アニメオタクのことだ。申し訳《わけ》ないけれど、そんなふうには見えない、とは言い難《がた》い。

「小田祐輔《ゆうすけ》って声優《せいゆう》さん、知っていますか？」

「知ってる。俺《おれ》はラジオドラマオタクだから」

正也が明るく答えた。最近は声優《せいゆう》ブームらしいけど、僕《ぼく》には未知の分野だ。でも、その名前に憶《おぼ》えはある。月村部長の手紙に出てきた。

「青海放送部のOBだって知っていました？」

久米さんは嬉《うれ》しそうに言った。まさか！　と興奮する正也に、朗読《ろうどく》部門で全国優勝した、などと小田祐輔の略歴を語っている。

「憧《あこが》れの人の後輩《こうはい》になりたいと思いまして」

久米さんははにかんだ笑顔でそう言うと、ふと、僕の方を見た。

「［　Ⅰ　］」

どうして久米さんが知っているのか。そうだ、と答えればいいだけなのに、口が［い］動くだけで言葉が出てこない。

「突然《とつぜん》きかれても、気持ち悪いですよね。ごめんなさい。わたし、中学のとき、陸上部だったんです」

久米さんは申し訳《わけ》なさそうに、ペコペコと頭を下げながら言った。そういうことか。意外と答え合わせはあっけない。それよりも、久米さんに謝らせてしまったことが申し訳ない。「陸上」というワードに、過剰《かじょう》に反応してしまう僕が悪いのに。

「［　Ⅱ　］」

正也が感心したように言った。何がすごいのか僕にはよくわからないけれど「陸上部に入っている」と言うと、親戚《しんせき》や近所の人たち、初対面の人からも、かなりの確率で「すごい」と言われる。

「全然です。友だちが誘《さそ》ってくれたから入ったんですけど、わたしは何の活躍《かつやく》もできないまま引退したので」

久米さんは片手《かたて》を大きく振《ふ》って否定しながら頬《ほお》を赤らめた。

「専門種目は？」

僕がたずねた。

「走り幅跳《はばと》びです」

久米さんの答えに、少しばかり首をひねってしまう。他校の専門種目の違《ちが》う女子選手に名前を憶えられるほどの活躍を、僕はしていない。

「ですが、友だちの専門が長距離《きょり》でした—

久米さんに

「二年生の夏の県大会に彼女《かのじょ》が三〇〇〇メートル走で出場したんですけど、彼女のお兄さんも同じ種目の男子の部に出ていて、その応《おう》援《えん》をしているとき、隣《となり》にいたのが町田くんだったような気がして、きいてみました」

確かに、僕はその会場にいた。

「山岸くんを応援していましたよね」

当たっているので、うなずく。

「ものすごくイケボだなって思って顔は憶えていたものの、名前を知らなくて。入学式からずっと、そうかなあと思いつつ、自信がなかったんです」

「［Ⅲ］」

僕は久米さんにではなく、正也にたずねた。何となくまだ、だんだん早口で大声になっていく久米さんのノリについていけないからだ。

「イケてるボイス、ってことだよ」

正也が平然と答えた。

「俺より早く、圭祐のイケボに気付いてる人がいたとはね」

早速、活用している。

「いえいえ、恐縮《きょうしゅく》です」

久米さんは［う］と頭を下げた。

「ところでさ、久米さん。同級生なんだから普通《ふつう》に話そうよ」

軽い調子で正也が言うと、⑥久米さんはフッと顔を曇《くも》らせた。ほぼまっすぐの状態にまで上げていた顔を、また伏《ふ》せてしまう。

「お二人はどうぞ普通に話してください。だけど、わたしは『ですます調』じゃないとダメなんです」

声まで小さくなっている。

「どうして？」

僕《ぼく》がたずねた。きかない方がよかったかも、と後悔《こうかい》するほどの沈黙《ちんもく》が流れたあとに、久米さんは少しだけ顔を上げた。

「わたしはみんなと同じ話し方をしているつもりでも、どういうわけか、えらそうだと思われるみたいで。同じとか、普通《ふつう》とか、よくわからなくなって、しばらく口が利《き》けなくなってしまった時期があるんです」

ああ、と僕は久米さんに嫌《いや》みを言っていた同級生の女子たちを思い出した。高校生になってもまだ、ああいう連中がいる。だから、久米さんは新しく出会った同級生に対しても「ですます調」でしか話すことができない。

「ゴメン、事情も知らずに。久米さんが一番話しやすい口調のままでいいよ。でも、俺《おれ》も圭祐も、あと、放送部の三年の先輩《せんぱい》たちも、久米さんが普通に接してくれることを、えらそう、とは思わないから」

正也が明るい口調のまま言った。鼻の頭を指先でかきながらではあるけれど。確かに、三年生の先輩たちはいろいろやっかいなところはあるけれど、イジメをするタイプではなさそうに思える。どちらかといえば、その逆だ。

「ありがとうございます」

久米さんに頭を下げられ、僕たちは改めて、ドラマ撮影《さつえい》について説明することにした。弁当を食べながら。

（湊かなえ『ブロードキャスト』ＫＡＤＯＫＡＷＡより）

問一 本文中の空らん あ 、 [illegible]

A パクパク　B モゴモゴ　C ペコリ　D ぼそり

問二 ぼう線部①「ちょっと気になる子」とはどのような子のことですか。最も適切なものを次のア～エから選び、記号で答えなさい。

ア 放送部に勧誘《かんゆう》しようとしている子。

イ たった一人でお弁当を食べている子。

ウ アニメオタクで話が合いそうな子。

エ 同級生で以前から気の合う子。

問三 ぼう線部②「久米さんの首の角度が少し上がった」とありますが、「久米さん」がこのような反応をしたのはなぜだと考えられますか。最も適切なものを次のア～エから選び、記号で答えなさい。

ア 自分の声をほめられて、照れくさかったから。

イ 急に話しかけられてとまどってしまったから。

ウ 興味を持っていた放送部の話題になったから。

エ 食事中に声をかけられてパニック状態になったから。

問四 ぼう線部③「正也は息をとめるようにして久米さんの返事を待った」とありますが、どのような返事を待っていたのですか。二十字以内で答えなさい。

問五　ぼう線部④「衝撃《しょうげき》の発言」について、あとの問いに答えなさい。

（1）「衝撃の発言」とはだれの発言ですか。本文中から抜《ぬ》き出しなさい。

（2）「衝撃の発言」とはどのような発言ですか。本文中から抜き出しなさい。

問六　ぼう線部⑤「久米さんは首を大きく左右に振《ふ》る」とありますが、久米さんが放送部に入りたい理由を本文中のことばを使って、二十字以内で答えなさい。

問七　本文中の空らん　Ⅰ　～　Ⅲ　にあてはまる会話文として最も適切なものを次のア～ウからそれぞれ選び、記号で答えなさい。

ア　へえ、すごいね

イ　イケボ？

ウ　町田くんって、陸上部でしたか？

問八　ぼう線部⑥「久米さんはフッと顔を曇《くも》らせた」とありますが、なぜ久米さんはこのような表情になったのですか。三十五字以内で答えなさい。

問九　二重ぼう線部「放送部に入りたいのは、やっぱり、その声を生かしたいから？」について、図表を見て、次の条件にしたがって作文しなさい。

条件1　二段落構成で書くこと。

条件2　一段落目に、日本と諸外国の割合を比較《ひかく》してわかることを書くこと。

条件3　二段落目に、あなたが「誇り」や「自信」を持っているものを書くこと。また、それを今後どのような場面でいかしていきたいと考えているかを書くこと。

【図表】 自分について誇《ほこ》りを持っているもの

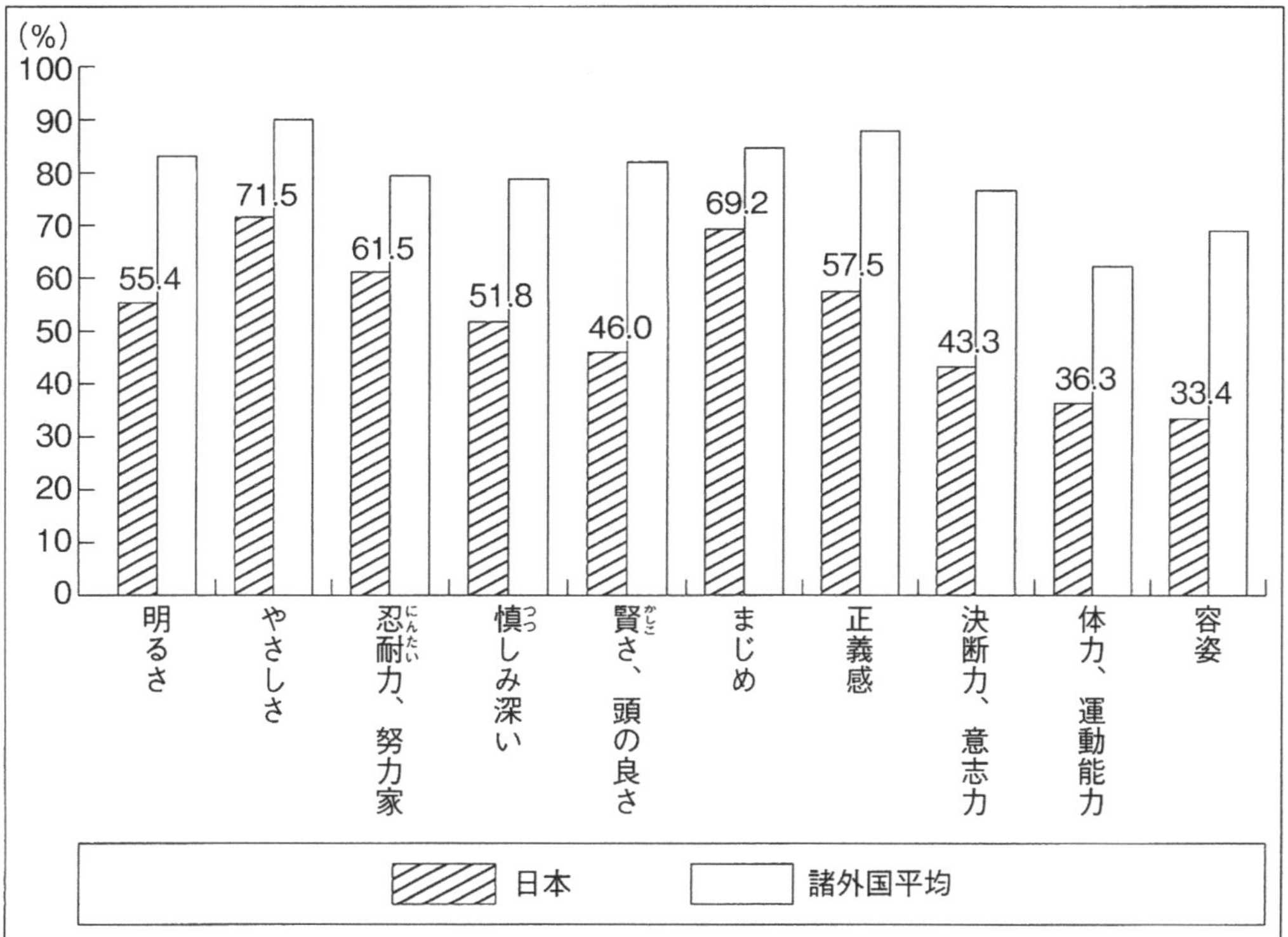

（注）「あなたは、以下のそれぞれについて、誇りを持っていますか」との問いに対し、「誇りを持っている」「どちらかといえば誇りを持っている」と回答した者の合計。

（内閣府　平成二十六年版子ども・若者白書　より）

令和5年度入学試験問題（専願A）

算　数

（45分）

（注意）答えはすべて解答用紙に記入しなさい。

銀河学院中学校

1　次の $\boxed{\text{①}}$ ～ $\boxed{\text{⑥}}$ にあてはまる数を求めなさい。

（1）　$4\times(24-6)=\boxed{\text{①}}$

（2）　$3.12+2.15-1.37=\boxed{\text{②}}$

（3）　$2-\frac{1}{3}\div\frac{5}{6}=\boxed{\text{③}}$

（4）　$35-\{12-(20-2)\div 6\}\times 3=\boxed{\text{④}}$

（5）　$1\frac{2}{5}\times\frac{15}{4}-\left(2\frac{1}{4}+2.5\right)=\boxed{\text{⑤}}$

（6）　$1\div 5\times\boxed{\text{⑥}}+\frac{5}{12}=\frac{3}{4}$

2　次の問いに答えなさい。

（1）　12％の食塩水300ｇがあります。

①　この食塩水に含まれる食塩の量は何ｇですか。

②　①の食塩水に60ｇの水を入れると，何％の食塩水になりますか。

（2）　2600円の商品の30％引きは，何円ですか。

（3）　毎分200ｍは時速何 km ですか。

（4）　40Ｌ入る水そうに水が $\frac{3}{5}$ だけ入っています。いま，この水の $\frac{3}{4}$ を捨てると，何Ｌの水が残りますか。

（5）　$\frac{1}{3}$ より大きく，$\frac{7}{8}$ より小さい分数で，分母を24とする分数の中で約分できるものを1つ答えなさい。
（ただし，答えは約分した形で答えること。）

〈計算用紙〉

（6）　下の①から③の３つの式に使われているＡ，Ｂ，Ｃ，Ｄ，Ｅは，それぞれ異なる１けたの数字を表します。

①Ｄ×Ｄ＝Ｃ　　②Ｅ×Ｅ＝Ａ　　③Ｃ＋Ｅ＝Ｂ

このとき，Ｂにあてはまる数字を求めなさい。

（7）　次の図形は２枚の三角定規を重ねた図形です。xにあてはまる値を求めなさい。

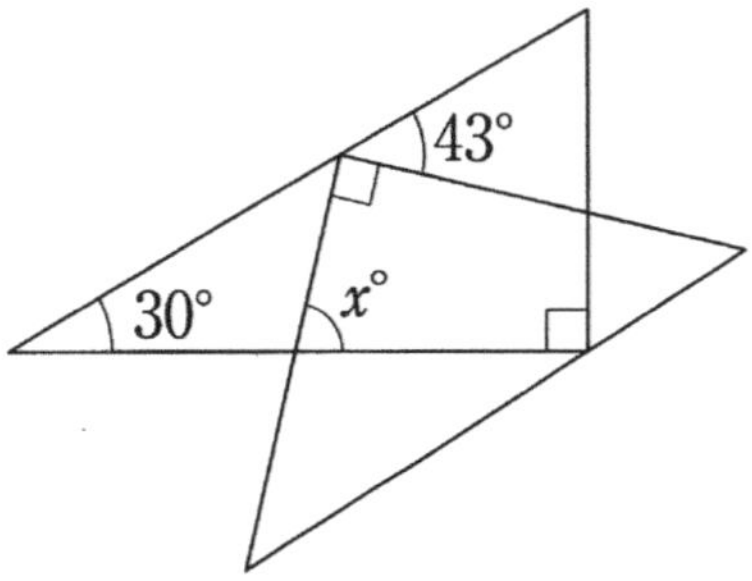

（8）　右の図１の台形と面積の等しい図形を次のア，イ，ウから１つ選び，記号で答えなさい。

図１

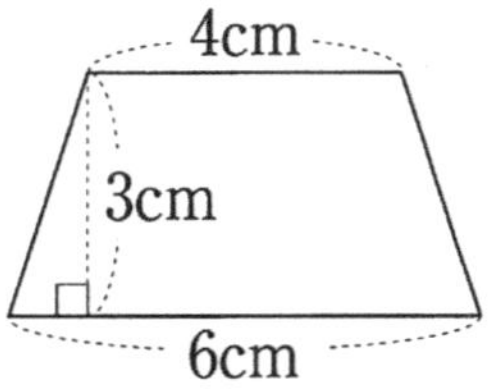

ア　台形

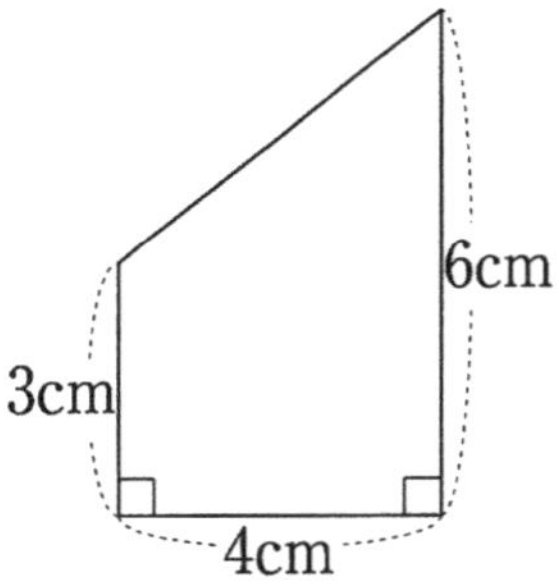

イ　直角三角形

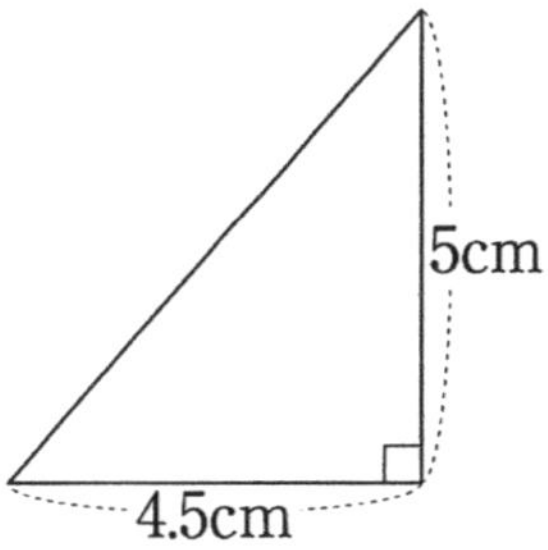

ウ　平行四辺形

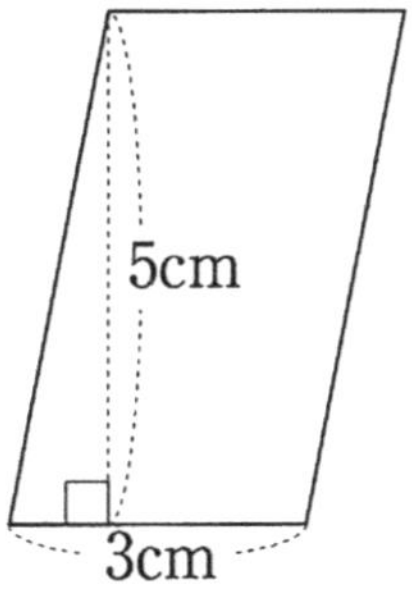

銀河学院中学校 令和五年度入学試験解答用紙（国語専願A）

受験番号

合計得点

※100点満点
（配点非公表）

一

問一 ① ② ③ ④ ⑤

問二 ① ② ③ ④ ⑤

問三 ① ② ③

問四 ① ② ③ ④

一	得点	得点	得点	得点

二

問一 あ い う

問二

問三

問四 (1) (2)

問五 〜 こと。

二	得点	得点	得点	得点	得点

(9) cm²	(10) cm³	

得点	

3

(1)	(2)	(3)
		小数第　　　位

得点	

銀河学院中学校 令和5年度入学試験解答用紙(算数専願A)

受験番号

合計得点
※100点満点 （配点非公表）

1

①	②	③
④	⑤	⑥

得点	

2

(1) ① g	② %	(2) 円
(3) 時速 km	(4) L	(5)

【解答用

三

問一
あ
い
う

問二

問三

問四

問五
(1)
(2)

問六

問七
Ⅰ
Ⅱ
Ⅲ

問八

問九

得点	得点	得点	得点	得点	得点	得点	得点	得点	三

〈計算用紙〉

（9）　次の図形は正方形とおうぎ形を組み合わせた図形です。図のしゃ線部分の面積を求めなさい。ただし，円周率は3.14とします。

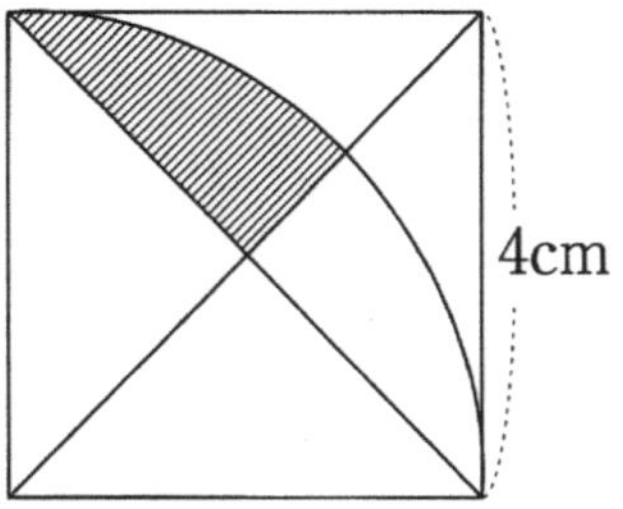

（10）　次の立体は，1辺が1cmの立方体を64個組み合わせた立方体から，しゃ線部分の4カ所を，それぞれ反対側まで並んでいる立方体を取り除いてできた立体です。この立体の体積を求めなさい。

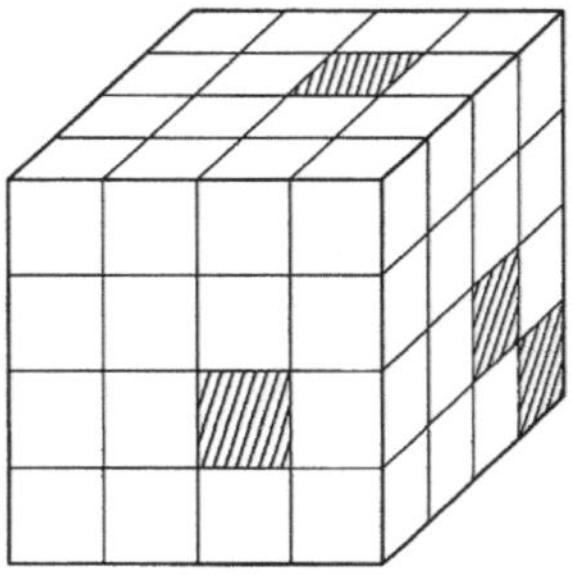

〈計算用紙〉

3　$\frac{8}{37}$ を小数で表すと，０.２１６……といつまでも続く小数となります。このとき，次の問いに答えなさい。

（１）　小数第６位の数字を求めなさい。

（２）　小数第４０位の数字を求めなさい。

（３）　小数点以下の位の数字を小数第１位から順にたしたとき，１５００を超えるのは小数第何位ですか。

K 教英出版

令和四年度入学試験問題（専願Ａ）

国語

（45分）

（注意）答えはすべて解答用紙へ記入しなさい。
字数を求める問題で指示のない場合は、すべて句読点を含《ふく》みます。

銀河学院中学校

2022(R4) 銀河学院中
K 教英出版

一　後の問いに答えなさい。

問一　次のぼう線部のカタカナを漢字に直しなさい。

① トウシンダイのパネルをつくる。

② 文明のハッタツを喜ぶ。

③ これはハカクの値段だ。

④ この土地はよくコえている。

⑤ 希望にモえて勉学にはげむ。

問二　次のぼう線部の漢字の読みをひらがなで答えなさい。

① 「熱がある」といったが、あれは仮病だ。

② 源氏の興亡の歴史。

③ くわの葉を食べる蚕。

④ 年れいよりも老けてみえる。

⑤ 瀬戸内海は塩田地帯だ。

問三　次のことわざが完成するように、□にあてはまる、最も適当なことばを次のア～オの中からそれぞれ選び、記号で答えなさい。

① □の一声（その場にいる多くの人を従わせる権威《けんい》や権力のある人の一言）

② 虎《とら》の威《い》を借《か》る□（権力のある人の力をかさに着ていばる人のたとえ）

③ □にかつお節（好きなものをそばに置くのは過《あやま》ちを起こすもととなり危険だということのたとえ）

ア　いぬ　　イ　きつね　　ウ　うま　　エ　つる　　オ　ねこ

問四　次の（例）にならって問中の①～④に漢字一字をそれぞれ入れて二字の熟語を完成させなさい

（例）

	合	
時	計	算
	画	

問

	①	
④	的	②
	③	

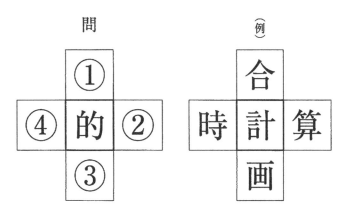

二　次の文章を読んで、後の問いに答えなさい。

史郎伯父《おじ》さんの部屋はいつ来てもほこりっぽい。きちきちに詰《つ》まった本棚《ほんだな》から本を出し入れするたびに、窓《まど》からの光を受けたほこりが瞬《また》くようにして光る。

つま先立ちをしているからか、小春のむきだしのふくらはぎはふるふると震《ふる》えている。本棚の一番上の段に精いっぱい手を伸《の》ばしているその姿は、①同じクラスの黒板消し係の女の子みたいだ。あんな高いところにどんな本があるのか、真歩は知らない。

「はる姉」

「ひゃっ」

小春はびくっと肩《かた》を震わせて、すぐにこちらを振《ふ》り向いた。

「真歩かー、もーびっくりしたじゃん！　あんた忍者になれるよ、いま気配ゼロだったからマジで」

小春は少し気まずそうに真歩を見ると、ゴホゴホと咳《せき》をした。やっぱり本棚にはほこりが溜《た》まっているらしい。

「なんか本探してるの？」

「んー、別にー」高校三年生の姉に向かって「参考書？」と聞こうとしたが、そんなわけないと思い真歩は言葉を換《か》えた。

「・・・・・・はる姉がおばあちゃんちいるなんて珍《めずら》しくない？」

「そー？　でも来たら和菓子《わがし》とかもらえるしー」

今日は水ようかんだったし、と、小春は返事になっているようなっていないようなことを言いながら、伯父の部屋からさっさと出て行ってしまった。狭《せま》い部屋を囲い込《こ》むようにして立っている本棚には、上から下までぎっちりと本が並《なら》べられている。ここはどんな本でも手に入ってしまう魔法《まほう》の図書室みたいだ。

家から、駅や商店街がある海の方向とは反対に走ると、いくつもの寺や長い階段、墓地があり、色とりどりのあじさいが咲《さ》く山がある。伯父と祖母が暮らす小さな家は、その山の中にある。かくれんぼの鬼《おに》に見つからないようにひっそりと隠《かく》れているようなこの家も、②魔法の図書室のような伯父の部屋も、真歩の大好きな場所だ。この山には不思議な動物や知らないものがたくさん眠《ねむ》っている気がする。歌う花とか、しゃべるリスとか、歩く家とか。

ガチャ、と固い音がしてドアが開いた。「来てたのか」煙草の匂いがして、伯父だとわかる。「お前、ランドセル背負ってるようなガキなんだから、外とかで遊べ」伯父の低い声には芯《しん》が通っている。伯父には、なんというか、煙草が似合うとか、ひげが似合うとか、そういう外見的なものではなくて、例えば上の兄ふたりには絶対にないような大人の雰囲気《ふんいき》がある。そして③それはきっと、手に入れようとして誰《だれ》もが手に入れられるものではないのだろうと真歩は思う。

「カメラ、大事にしてるか」

うん、と真歩がうなずくと、伯父は「そうか」とだけ言って机《つくえ》に座った。プリントやペンや色々なもので散らかった机の上は、いつ来ても片付いていない。

ふたりの兄はよく「あんなに無愛想《ぶあいそう》なのに塾講《じゅくこう》なんてほんとにできんのかねえ?」とげらげら笑っているけれど、真歩は、伯父さんが先生だったらきっと塾が好きになるのにな、と思っていた。確かに愛想はないけれど、伯父はやさしい。そのやさしさは、雨が降っているけれどなぜか空気はあたたかい、そんな夜に似ている。

「［　あ　］」

「あー・・・・・・来てたかもな」伯父さんはこっちを向かないで答える。

「［　い　］」

「そうか?」

「［　う　］」

いつでもどこでもうるさいはる姉と、伯父の持っている本とがどうしても結び付かない。どんな本でも揃《そろ》っているこの魔法《まほう》の図書室は、自分だけが知っている秘密の場所みたいな気がしていたので、④真歩は少し悔《くや》しくなった。

「知らねえなあ。何か借りてったのかもな」

知っているんだな、と真歩は思った。伯父は、誰がどんな本を借りていったのか誰にも言わない。そういえば、と真歩は思い出す。伯父さんは、僕《ぼく》が小学一年生の時、お父さんの病気を調べるために体に似合わないほどの分厚い本を借りていったことも、誰にも言わないでいてくれた。

本を借りるって、自分がこういう人ですってバレてしまうみたいで、ちょっと恥《は》ずかしい。伯父は、そういう気持ちをわかってくれている気がする。だから、やっぱりやさしい人だと思う。

父がいたころ、本はとても重かった。持ち歩きができないくらいに重くて大きくて、こんなふうに何日かで読み切ってしまえるものだとは到底《とうてい》思えなかった。

「じゃあ僕《ぼく》帰るね。これ借りてくね」真歩は大きな写真集を［Ａ］とさせた。伯父《おじ》が振《ふ》り返らないと知ってはいるけれど、一応だ。

「真歩」

伯父は万年筆のキャップを、［Ｂ］、と外した。

「またいっぱい写真撮《と》れたら、見せろよ。俺《おれ》は山も海もあんまり好きじゃないけど、お前の撮る風景なら好きだから」

「・・・・・・伯父さん」

「ん？」

「そういうこと、昔から言えてたら結婚《けっこん》できてたかもね」

「・・・・・・そういうこと、小学生のうちから言ってたらロクな大人にならねえぞ」

下で、ばあちゃんが水ようかんを用意してる。伯父はそれだけ言うと、しっし、と真歩に向かっててのひらを払《はら》った。夏になるといつも、祖母は水ようかんを［Ｃ］に冷やしておいてくれる。つぶあんがそのまま入っている水ようかんの表面はとても［Ｄ］していて、まるで夏を映す鏡みたいだ。

その鏡に、自分の姿《すがた》は映る。伯父さんも映る。おばあちゃんも映る。写真には、お母さんも映る、きょうだいみんないっしょにだって映る。空だって花だって風だって映る。

だけどたったひとつだけ、映らないものがある。

（朝井リョウ『星やどりの声』ＫＡＤＯＫＡＷＡによる。）

問一　本文中の[あ]～[う]にあてはまる会話文として最も適当なものを次のア～ウの中からそれぞれ選び、記号で答えなさい。

ア　僕、はる姉ここにいるの初めて見た

イ　はる姉よく来るの？　本、借りてくの？

ウ　伯父さん、さっきはる姉来てたよね？

問二　本文中の[A]～[D]にあてはまることばとして最も適当なものを次のア～エの中からそれぞれ選び、記号で答えなさい。

ア　ぴかぴか　　イ　かぽり　　ウ　きんきん　　エ　ひらひら

問三　ぼう線部①「同じクラスの黒板消し係の女の子みたいだ」とありますが、これはだれがどのようにしている様子をたとえている表現ですか。四十字以内で答えなさい。

問四　ぼう線部②「魔法《まほう》の図書室」とありますが、真歩が伯父の部屋をこのように呼ぶ理由を二十字以内で答えなさい。

問五　ぼう線部③「それ」が指す内容を本文中から六字で抜《ぬ》き出しなさい。

問六　ぼう線部④「真歩は少し悔《くや》しくなった」とありますが、それはなぜですか。理由を説明した次の文の【Ⅰ】～【Ⅲ】にあてはまることばを、本文中から指定字数で抜《ぬ》き出しなさい。

【　Ⅰ（十五字）　】みたいな気がしていた魔法の図書室で、自分だけでなく【　Ⅱ（三字）　】も【　Ⅲ（九字）　】を借りに来ていることがわかったから。

三　次の文章を読んで、後の問いに答えなさい。

質問に関しては、リアクションで補《おぎな》う手もあります。相手が言葉足らずな説明をしたときに「それはどういうことですか」「意味がわかりません」などと言ったら、相手によっては萎縮《いしゅく》しますし、人間関係にもヒビが入るかもしれません。そこで活用できるのが、ノンバーバルコミュニケーションという言語以外での身体表現です。

よくわからないときは「え?」と言いたげに首を傾《かたむ》ける、わかったときには「うんうん」としきりにうなずく。これは実は、テレビの世界に入って学んだことです。

①通常の会話で私たちは、「はい」「うん」などと声であいづちを打っています。そうしないと相手もしゃべりにくい。あいづちを打って初めて会話が成立します。

しかしテレビカメラを持って相手にインタビューする場合、聞き手がいちいち声であいづちを打っていると、それが全部音として入ってしまい、相手の話のみで編集したいのにできなくなってしまいます。一方であいづちを一切打たないでマイクを向けると、相手がしゃべりづらくなります。

［あ］、ノンバーバルコミュニケーションです。聞き手の自分はカメラに映らないところで、身振《みぶ》り手振りであいづちを打つのです。相手の話す内容がよくわからなかったら、表情で「え?」という顔をする。よくわかるときにはしきりにうなずく。結果的に、相手がこの②「声を出さないあいづち」に励《はげ》まされてしゃべってくれます。

［い］コミュニケーションにおいて「よい聞き手」になるということは、全身を使ってよい聞き手になるということです。

テレビ番組で画面の隅《すみ》に小さな窓《まど》のようなものが出て、出演者の表情が映っているのを「ワイプ」と言います。そこに映るその表情は大変参考になります。出演者たちは、うなずいたり、小首を傾《かし》げたりしながら映っています。話し手はそういった表情を見ると「あ、ちょっとわかりづらかったんだな。じゃあもうちょっと説明しよう」という気になります。これが聞き上手への第一歩です。

特に小首を傾げるときには、下の方から上目遣いで見上げてみてください。そうすると相手に威圧《いあつ》を感じさせず、へりくだった立場で「教えてください」というふうに受け取ってもらえます。

聞き上手とは、相手と同じ気持ちに立って、相手が一体何を言いたいのか、相手の言うことを一生懸命《いっしょうけんめい》理解しよう、というように共

葉を引き出すことができるのです

カウンセラーはそういうことに長《た》けている人で、共感力が最も必要です。いろいろな相談に対して「あなたの気持ちはわかりますよ」「そうだよね、大変だよね」とうなずくことで、相手を「もうちょっとしゃべってみようかな」という気持ちにさせる。

優れたカウンセラーは不思議なもので、アドバイスをする必要がないんだそうです。ただひたすら共感力をにじませながら聞いていて、相手は自分の思いをありったけしゃべれたことで満足したり、しゃべるうちに自分で解決策を見つけたりして、満足して帰るのです。

NHK「週刊こどもニュース」では、スタジオ収録で子役の子たちと会話をするだけでなく、実際の学校に行って小学生や中学生と会話をする機会もありました。

そのときに心がけていたことは、③常に視線の高さを同じにするということです。普通に立って、子どもたちを上から見下ろすかたちで会話をするのではなく、膝《ひざ》をつくなどして相手の視線と同じになるようにします。それによって相手を理解したいという気持ちが相手の子どもにも伝わるのです。大人同士であれば、しっかりと視線を合わせるということです。自然と動作にも表れる「 A 」こそが、読解力だとも言えるでしょう。

う テレビ取材では、子どもを撮影《さつえい》するときにはカメラマンも膝をついて撮《と》っています。子どもの顔を真正面から撮ると、よりかわいらしく撮れるのです。

（池上彰『社会に出るあなたに伝えたい　なぜ、読解力が必要なのか？』による。）

問一　本文中の[あ]〜[う]にあてはまることばとして最も適当なものを次のア〜エの中からそれぞれ選び、記号で答えなさい。

ア　そこで　　イ　ちなみに　　ウ　つまり　　エ　なぜなら

問二　ぼう線部①「通常の会話で私たちは、『はい』『うん』などと声であいづちを打っています」とありますが、声を出してうなずくと困る場合もあります。それはどんな場合ですか。文章中から二十三字で抜《ぬ》き出し、初めと終わりの五字を答えなさい。

問三　ぼう線部②「声を出さないあいづち」をあらわすことばを本文中から十五字で抜《ぬ》き出しなさい。

問四　本文中の[A]にあてはまることばとして最も適当なものを次のア〜エの中から選び、記号で答えなさい。

ア　納得《なっとく》させようとする心

イ　理解しようとする心

ウ　満足させようとする心

エ　批判《ひはん》しようとする心

問五　ぼう線部③「常に視線の高さを同じにするということです」とありますが、その理由を二十五字以内で答えなさい。

問六　次のグラフから、「グローバル人材として……能力」が必要である……ミュニケーション能力を身につけるためにあなたが取り入れたい方法を答えなさい。ただし、次の条件にしたがうこと。

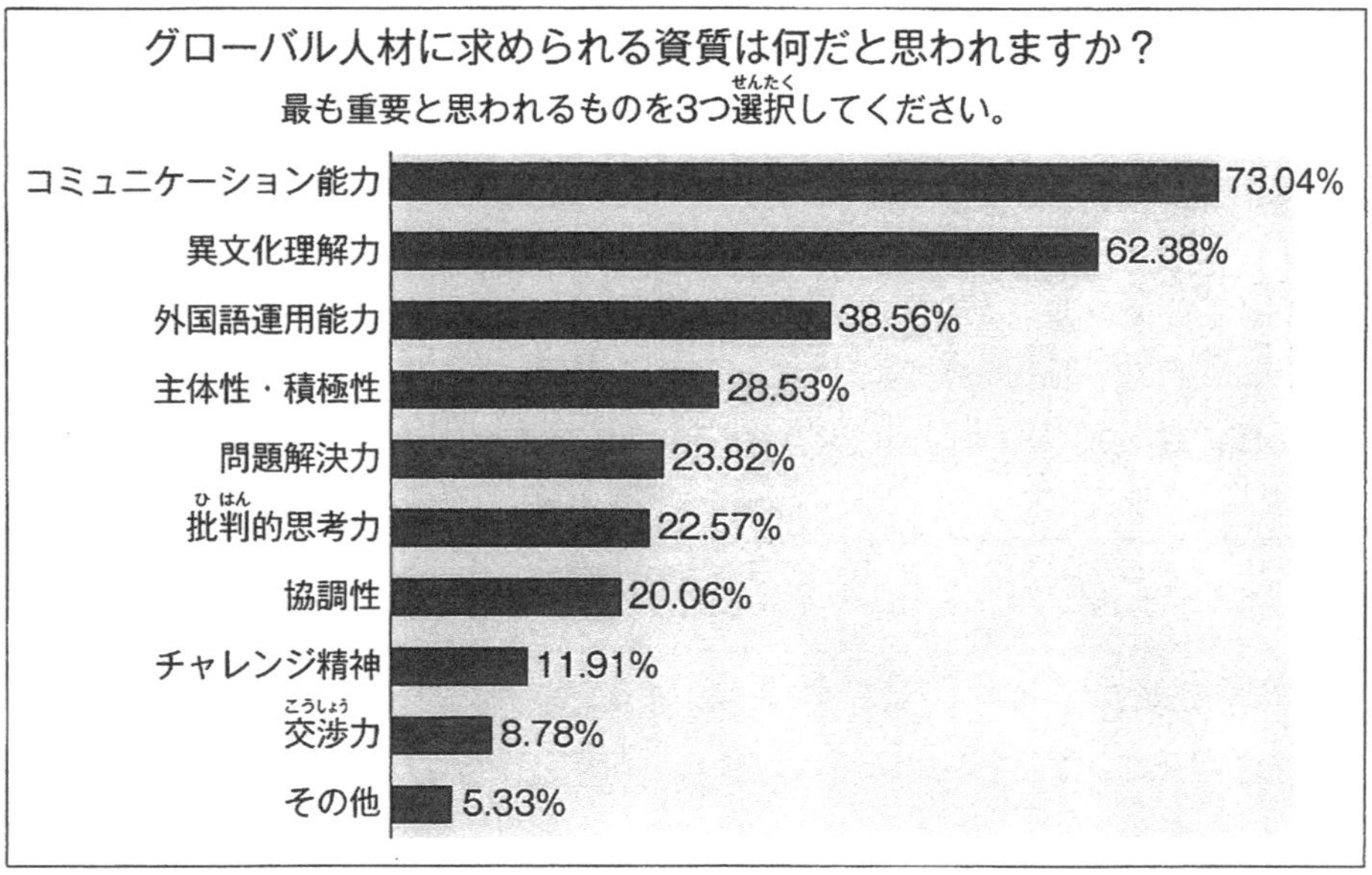

条件①　方法は、「ノンバーバルコミュニケーション」であること。

条件②　条件①であげた方法を使う具体的な場面を書くこと。

条件③　二段落構成とし、一段落目は「わたしは」から始め、二段落目は「たとえば」で始めること。

㊟グローバル…世界的規模《きぼ》である様子

令和4年度入学試験問題（専願A）

算　数

（45分）

（注意）答えはすべて解答用紙に記入しなさい。

銀河学院中学校

1　次の□にあてはまる数を求めなさい。

（1）　$35-10\times 3=$ ①

（2）　$1-\frac{5}{6}+\frac{2}{3}=$ ②

（3）　$4\times 0.65+2\times 0.65=$ ③

（4）　$0.25+\frac{2}{3}\times\left(1-\frac{1}{4}\right)=$ ④

（5）　$6-2\times(6-8\div 2)=$ ⑤

2　次の問いに答えなさい。

（1）　秒速4ｍで進んでいます。4km 進むのにかかる時間は，何秒ですか。

（2）　10％の食塩水が300ｇあります。この食塩水には，食塩が何ｇふくまれていますか。

（3）　2500円の品物を3割引きで買うと，何円ですか。

（4）　学校で，国語，算数，社会のテストがありました。国語が63点，社会が75点で，3科目の平均点は68点でした。算数の得点は何点ですか。

（5）　次の図形で，xにあてはまる値を求めなさい。

①

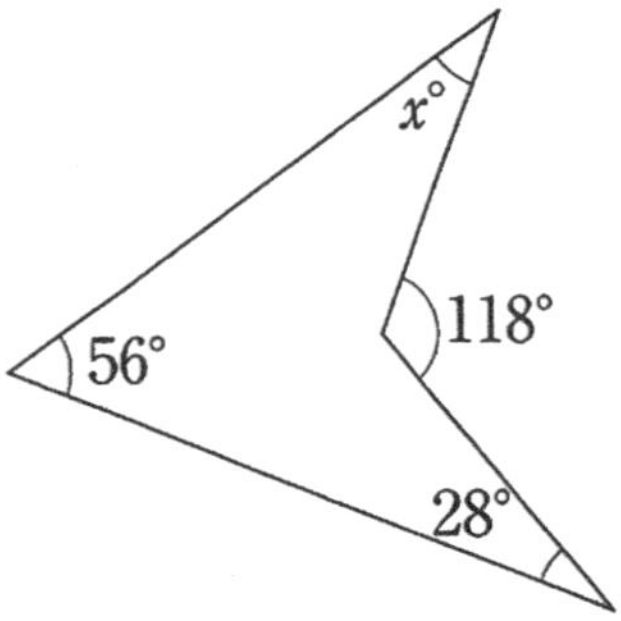

②　正五角形 ABCDE

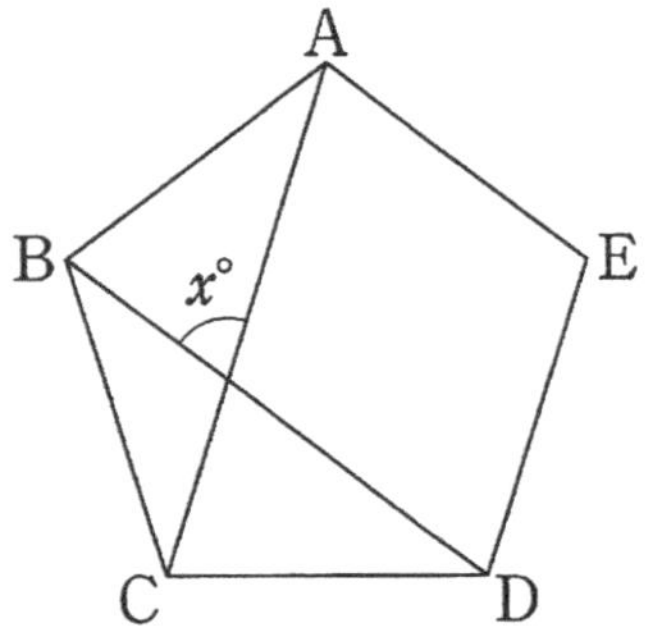

（6）　A君とB君の持っているお金の比は，5：3です。2人の合計金額が1200円のとき，A君の持っているお金は何円ですか。

銀河学院中学校　令和四年度入学試験解答用紙（国語専願A）

受験番号

合計得点

※100点満点
（配点非公表）

一

問一	問二	問三	問四
①	①	①	①
②	②	②	②
③	③	③	③
④	④		④
⑤	⑤		

一	得点	得点	得点	得点

二

問一	問二	問三	問四	問五
あ	A			
い	B			
う	C			
	D			

二	得点	得点	得点	得点	得点

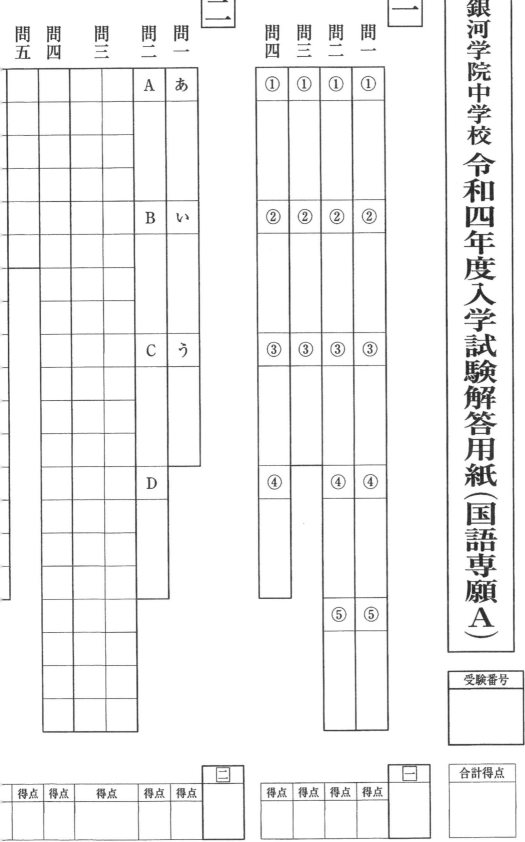

円	① cm²	② cm²	
(8) cm²	(9) cm³	(10)	得点

3				
	(1) 個	(2) ア 段	イ 個あまります	得点

銀河学院中学校 令和4年度入学試験解答用紙(算数専願A)

受験番号

※100点満点
（配点非公表）

合計得点

1

①	②	③
④	⑤	

得点	

2

(1) 秒	(2) g	(3) 円
(4) 点	(5) ①	②

【解答

三

問一
あ
い
う

問二
〜

問三

問四

問五

問六

Ⅲ

三	得点	得点	得点	得点	得点	得点

【解答

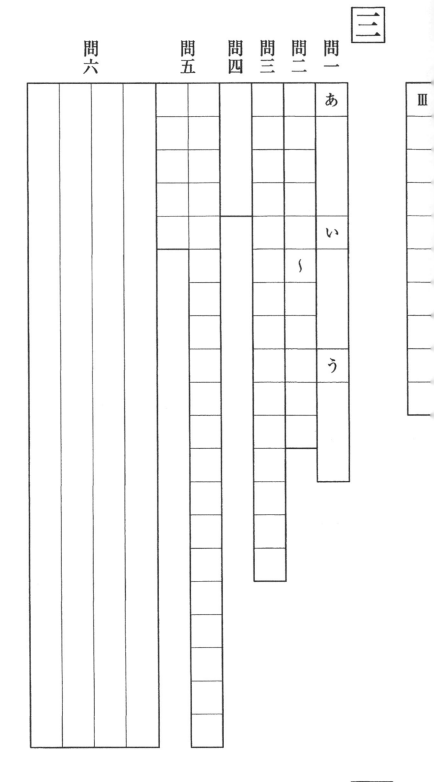

〈計算用紙〉

（7）　次のしゃ線部分の面積を求めなさい。

①　平行四辺形

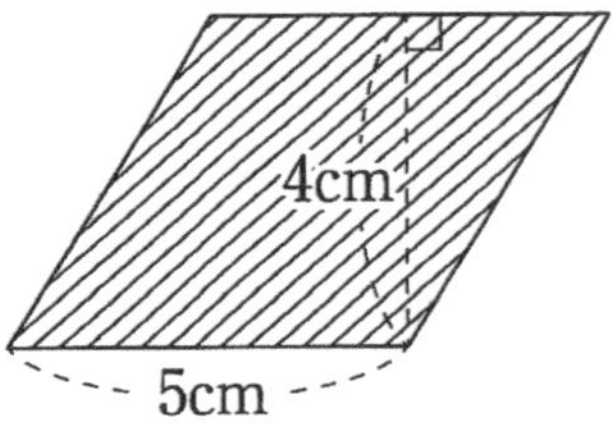

②

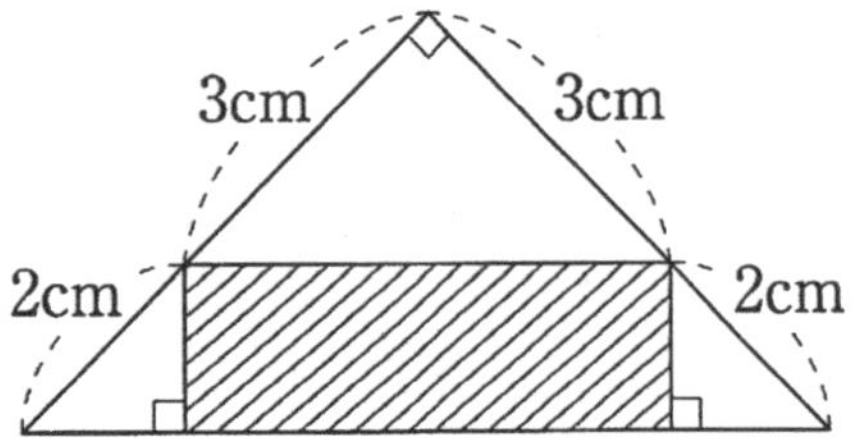

（8）　次の図は，長方形と半円を組み合わせたものです。次のしゃ線部分の面積を求めなさい。ただし，円周率は3.14とします。

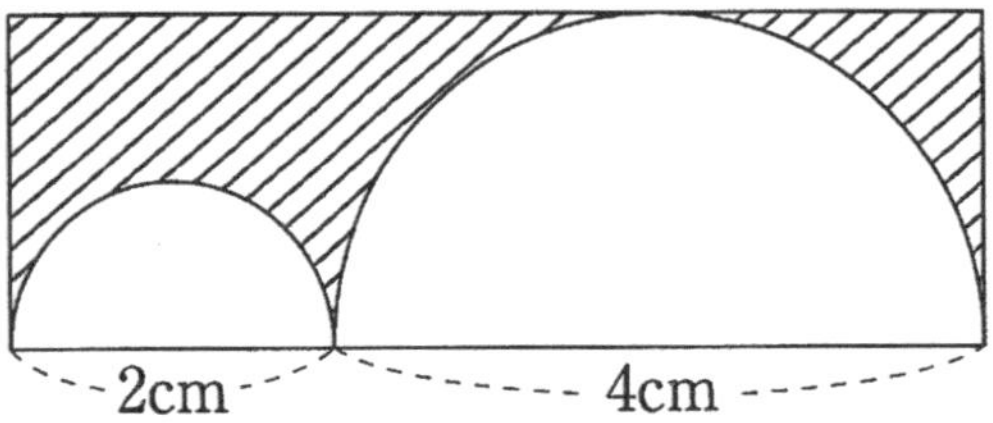

（9）　次の立体は，直方体と四角柱を組みあわせた立体です。体積を求めなさい。

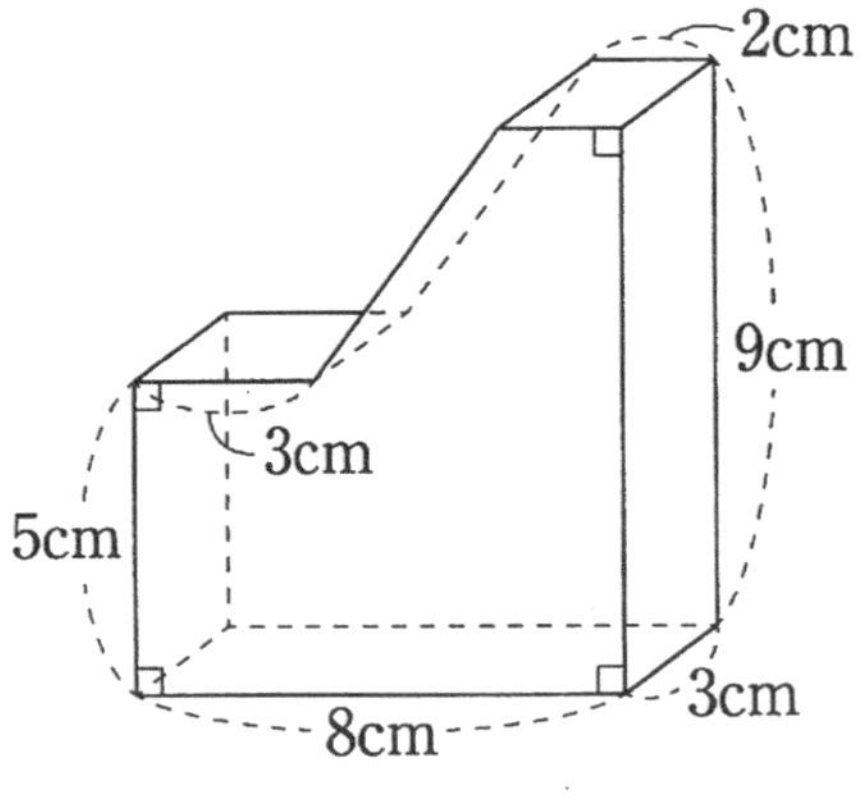

(10)　次の例のように，ある整数のすべての位の数をかけ合わせて，その答えが1けたの数になるまでこれをくり返します。

【例】　327 → 3×2×7＝42 → 4×2＝8
　　　　72 → 　　7×2＝14 → 1×4＝4

このとき，279ではいくつになりますか。

〈計算用紙〉

3 同じ大きさの立方体の積み木があります。
下の図のように1番目は1個，2番目は4個，3番目は9個…と，規則的に積み木を置いていきます。

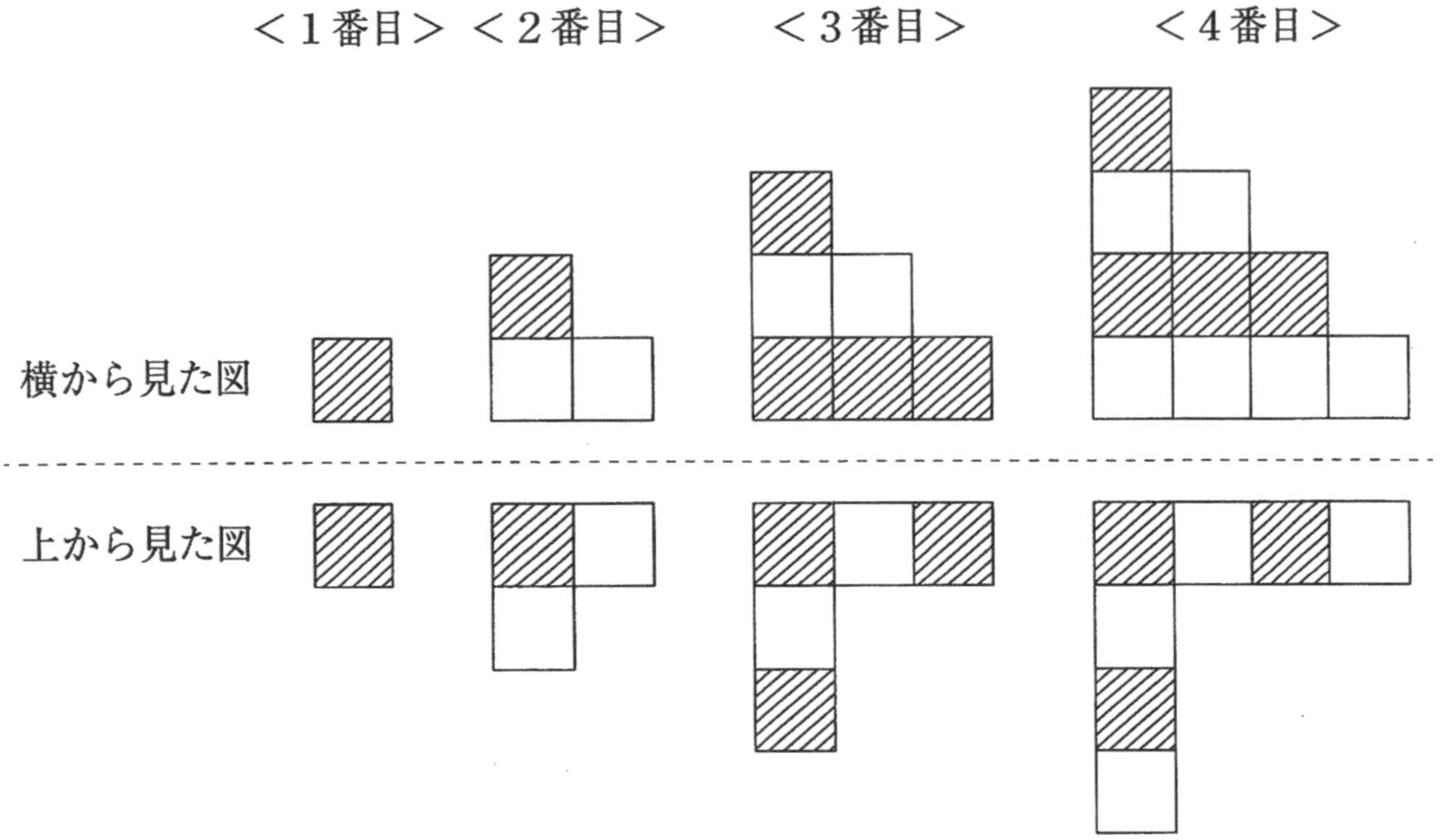

（1） 5番目を作るときに必要な積み木の個数を求めなさい。

（2） 積み木が全部で2022個あるとき，最大で【ア】段まで積み上げることができ，【イ】個あまります。ア，イに当てはまる数を求めなさい。